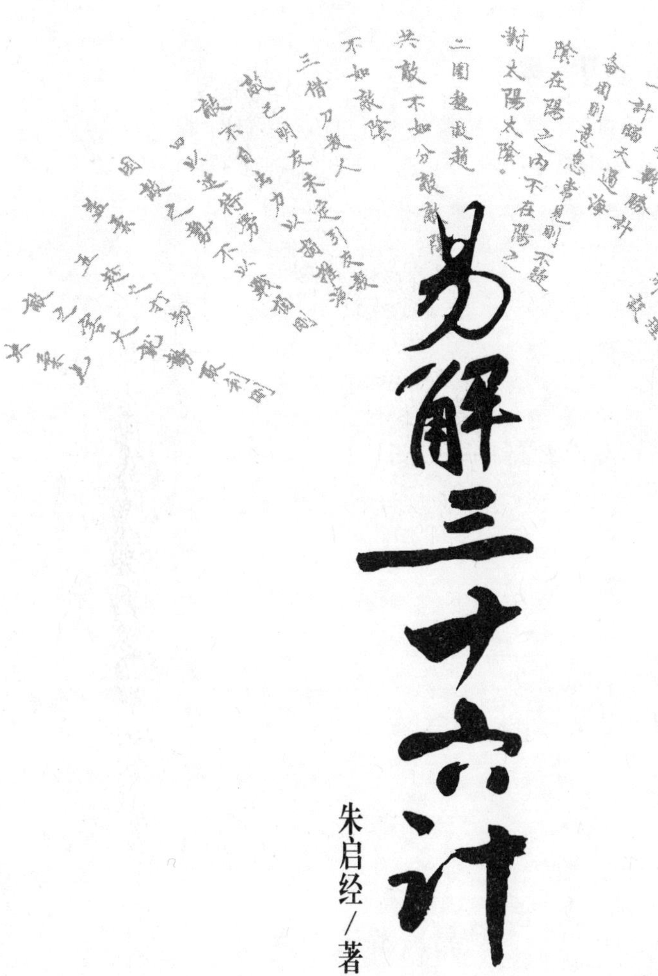

易解三十六计

朱启经/著

上海科學技術文獻出版社

图书在版编目（CIP）数据

《易》解三十六计 / 朱启经著. —上海：上海科学技术文献出版社，2016.1

（长江学术文献大系·哲学卷）

ISBN 978-7-5439-6857-8

Ⅰ. ①易… Ⅱ. ①朱… Ⅲ. ①兵法—中国—古代 ②《三十六计》—研究③《周易》—研究 Ⅳ. ①E892.2 ②B221.5

中国版本图书馆 CIP 数据核字（2015）第 240030 号

责任编辑：张　树

特约编辑：封　龙　张红义

《易》解三十六计

朱启经　著

*

上海科学技术文献出版社出版发行

（上海市长乐路 746 号　邮政编码 200040）

全 国 新 华 书 店 经 销

四川省南方印务有限公司印刷

*

开本 700×1000　1/16　印张 11.5　字数 220000

2016 年 1 月第 1 版　　2016 年 1 月第 1 次印刷

ISBN 978-7-5439-6857-8

定价：33.00 元

http://www.sstlp.com

前言

现传《三十六计》版本，系 1941 年由成都兴华印刷厂用土纸翻印，封面书“三十六计”，旁注“秘本兵法”，并说明原书是手抄本。1961 年，收藏者叔和在《光明日报》撰文加以介绍，又将其收藏的土纸本赠给了中国人民解放军政治学院，此后便出现了各种翻印和传抄的版本。现传《三十六计》版本是按计名排列，共分六套，前三套是处于优势所用之计，后三套是处于劣势所用之计。每套各包含六计，总共三十六计。其中每计名称后有“解说”，“解说”之后有“按语”，“按语”多引证宋代以前的战例和孙武等兵家的精辟语句。

济宁市的郭克义先生在 2003 年偶然在济宁市一古玩市场发现并购藏了一部隋代和田青玉质的玉简《三十六计》，共计 66 片，单片长 24 厘米，宽 2 厘米，厚 0.5 厘米，平铺长 132 厘米，总重量为 4.6 千克。玉简册阴刻小篆文字，共计 919 字。玉简首片刻“三十六计”四字，尾片署“开皇十六年十一月一日，何震刻”。中国古玉器研究会、山东孙子研究会、山东国际孙子兵法研究交流中心、济宁市政协召开了专题研讨会，通过专家鉴定，确认了《三十六计》的作者及其年代，即作者为檀道济，时间定为“开皇十六年”，即公元 596 年。

民间流传一首诗，从三十六计中每取一字，依序组成：

金玉檀公策，借以擒劫贼，鱼蛇海间笑，羊虎桃桑隔，树暗走痴故，釜空苦远客，屋梁有美尸，击魏连伐虢。①

① 杨晴编著：《三十六计的心理智慧》，中国纺织出版社 2015 年版，第 2 页。

诗文中首句的“金玉檀公策”的“檀公策”就是指“三十六计”的作者——檀道济。

《三十六计》最早见于《南齐书·王敬则传》。王敬则是南朝齐国将领，生于435年，死于498年。书中记载：“敬则曰：‘檀公三十六策，走为上计。’”此语被后人沿用，宋代惠洪《冷斋夜话》也有“三十六计，走为上计”一语，而其中的檀公就是南北朝时宋朝著名将领檀道济。

既然王敬则死于498年，那么，“檀公三十六策”（现传《三十六计》的前身）的著成必早于498年，这比隋玉简中的“开皇十六年”的596年要早近百年。

隋玉简中没有现在版本中的总说和六套计（即胜战计、敌战计、攻战计、混战计、并战计、败战计）的题目及按语。

我们认为：“按语”中多用春秋战国及汉代战例，但也有两处提到宋、辽、金之事，因此可确认“按语”是后人所加，而“六套计”等词句是后人读后的归纳，所以也是后人加上去的。

关于《三十六计》的计名，也有被后人篡改的部分，例如《李代桃僵》。“李代桃僵”一语出自南宋郭茂倩《乐府诗集·鸡鸣》①：

> 桃在露井上，李树在桃旁，虫来啮桃根，李树代桃僵。树木身相代，兄弟还相忘！

郭茂倩生于1041年，死于1099年，这足以说明此计名当为后人所改。对于这部分我们暂且沿用，等到发现更多的出土文物资料和文献资料后，经过严谨的科学考证，再予以修正。

但作为“总说”，我们的看法是：因其确含有“用兵易玄”，其原理与原文极其一致，当属原创部分而应予以重视。

所以，我们认为：计名、总说、原文这三者基本属于“原创”部分。虽然“计名”中有一些是后人所改，但大部分与创作原意一致。所以本书以《周易》来解释《三十六计》时，我们注重“计名”与“原文”的解

① （宋）郭茂倩：《乐府诗集》，中华书局1979年版，第406页。

析。对《三十六计》后人的补充部分，我们另有文章进行阐述，此书不再详论。

以《易》来指导“军事、谋略、布阵”，这在古人看来是正常的事。这从《周易·系辞》中也看得非常清楚：“天地设位，圣人成能。人谋鬼谋，百姓与能。八卦以象告，爻彖以情言。刚柔杂居而吉凶可见矣。变动以利言，吉凶以情迁。”① 其中所谓“人谋鬼谋”，就是指“兵法”“谋略”之类。

《三十六计》的作者对每一计都以“暗语”的形式注明源于《周易》的某卦（《三十六计》中除“围魏救赵”没有明确指出此计出于《易经》的哪一卦，以及“借刀杀人”明确说明此计出于《易经》的哪一卦以外，其他三十四计都或隐或显地说明此计出自《易经》的某卦），那么我们就没有理由不去研究和解释此计与此卦的“内在联系”。

在运用《易经》来解释《三十六计》时，我们必须注意《周易·系辞》所说的“八卦以象告，爻彖以情言”的告示。因为《三十六计》原文所引用的大部分都是“爻彖”之“情”，所以在解析时也理应注重“八卦以象告”的“卦理之象”以及“爻彖之情”。这就是本书解析《三十六计》的理论依据。

在本书的分析中还运用了“三阴三阳卦”和“错卦”的分析依据。

三阴三阳卦的“阴阳升降”理论 所谓“三阴三阳卦”，是指在一个六爻卦中，由三个阴爻和三个阳爻所组成的卦。对“三阴三阳卦”的分析是通过应用“阴阳升降”理论进行的，即首先确定此卦是由“三阴三阳卦母体”——《否》（䷋）《泰》（䷊）两卦之一而来，再找出“阴阳升降交变”所涉及到的卦象变化，最后分析判定其变化趋势。

错卦 所谓“错卦”，就是指《易经》六十四卦任何一卦的六个爻其对立面（阴阳相对）所构成的卦，也即六个爻全变所得到的卦，也叫“伏卦”。它暗示这一卦内潜伏着另外的因素，例如：《同人》（䷌）的错卦就是《师》（䷆）。《同人》讲的是“与人和同”的“团结”，而《师》讲的是“兴师动众”的“作战”。也就是说，讲“团结”之时不要忘记其中的“矛

① （清）李光地：《周易折中》，巴蜀书社 2006 年版，第 618 页。

盾磨擦”因素的存在。再如:《否》(䷋)的错卦是《泰》(䷊),而有“否极泰来”的寓意。错卦所具有的因素在实践中的确影响很小,但作为“兵战大事”,却是一个不可忽略的因素,所以在《三十六计》中也运用了“错卦”,如《美人计》。《美人计》原文中有“利用御寇,顺相保也”一语,此语出自《渐》。而《渐》(䷴)的错卦为《归妹》(䷵),《归妹》有利用“女之归”来说事的暗示,所以用“美人计”命名。

可见“错卦”原理对更深入全面理解《三十六计》具有重要作用,所以本书把每计之卦的错卦所含的应注意因素,也予以提示,以便参考。

关于本书的“六爻变化所暗示的注意事项”,我们只能注明使用此计时《易经》卦的变化所隐藏的行为原则,而不能进行具体细致的分析。因为实战的具体环境、因素是千差万别的,其计的使用者也只能依据其暗示的原则,结合实际情况来决定其行为。所以本文将某计所使用“易卦”六爻变化后的“变卦”的“卦辞、彖辞、象辞”写在“六爻变化所暗示的注意事项”中,以供参考,以便在使用此计时结合具体情况各自取舍。

本书是首部以《易》解《三十六计》的著述,作为“大道之源”的易学深刻影响着中国文化的方方面面,其中也包括《三十六计》,本书试作浅论,以乞方家指正。

朱启经　2015 年 1 月

目　录

《易》解三十六计原理

《易》解三十六计

《易》解三十六计原理

《易经》六画之象

在以《周易》解析《三十六计》时，周易象数学中的“六画之象”是最常用的，所以有必要先介绍一下。

所谓“六画之象”，就是六十四卦每卦六爻之间相互关系所表示的“象”，它有“承”“乘”“比”“应”“当”“据”“中”七种形式。

一、承

所谓“承”，一般指在别卦的卦体中，如果阳爻在上，阴爻在下，这阴爻对上面的阳爻而言，就称为“承”，常用“阴阳相承”“阴承阳”来表述。

阳上阴下，天地定位，各居其正，各司其职，各尽所能，配合得当，所以一般是吉利而有益的。阴爻在下承接着上面的阳爻，这还象征着顺从其上，所以也经常称之为“柔顺刚”“柔从刚”“柔承刚”，其例如下：

《节》（䷻）六四：“安节，亨。”[①]《象》曰：“‘安节’之‘亨’，承上道也。”[②] 六四爻之所以有安节之亨，是因为六四爻“承”九五爻，亦可简称为“四承五”。

《颐》（䷚）六五：“拂经，居贞吉。”[③]《象》曰：“‘居贞’之‘吉’，顺以从上也。”[④] 六五爻的“吉”主要取决于它承而顺从上九爻，即六五承

---

① （清）李光地：《周易折中》，巴蜀书社 2006 年版，第 305 页。

② 同上书，第 524 页。

③ 同上书，第 151 页。

④ 同上书，第 461 页。

上九，简称为“五承上”。

《随》（䷐）六二：“系小子，失丈夫。”① 汉朝人虞翻注曰：“承四隔三，故‘失丈夫’。”②（《周易集解·随》）虞翻认为：在《随》中，九四之阳象征着“丈夫”，其爻位置偏上，六二之阴偏下而“承”九四，但被六三所阻隔，因而“失丈夫”。

《蛊》（䷑）六五：“干父之蛊，用誉。”③ 荀爽注曰：“承阳有实，用斯干事，荣誉之道也。”④（《周易集解·蛊》）荀爽认为：此卦六五之阴位于上九阳刚之下，六五“承”上九而“有实”，以此“干事”则是荣誉之道。

如果在卦体中一个阴爻在下，数个阳爻在上，下面的这一阴爻对上面的数个阳爻都可以构成“承”的关系。例如《姤》（䷫）初六爻，既可以承九二，也可以承九三、九四、九五以及上九爻，同时还可以一阴承五阳（如果一个阳爻在上，几个阴爻在下，下面的几个阴爻对上面的阳爻也可能构成“承”的结构，但这要从整体上分析）。

二、乘

所谓“乘”，就是“欺凌”“战胜”“制约”的意思。一般指在六画卦体中，如果阴爻在上，阳爻在下，此阴爻对下面的阳爻所形成的关系，其例如下：

《屯》（䷂）六二爻，《象》对此爻解释说：“六二之难，乘刚也。”⑤ 这是因为《屯》六二爻为阴而居上，初九爻为阳而居下，六二阴爻对初九阳爻形成了“乘”的关系，亦简称为“二乘初”。

《震》（䷲）六二爻，《象》对此爻解释说：“‘震来厉’，乘刚也。”⑥ 这

① （清）李光地：《周易折中》，巴蜀书社 2006 年版，第 106 页。
② （唐）李鼎祚：《周易集解》，中央编译出版社 2011 年版，第 76 页。
③ （清）李光地：《周易折中》，巴蜀书社 2006 年版，第 112 页。
④ （唐）李鼎祚：《周易集解》，中央编译出版社 2011 年版，第 80 页。
⑤ （清）李光地：《周易折中》，巴蜀书社 2006 年版，第 415 页。
⑥ 同上书，第 506 页。

也是“二乘初”。

《豫·六五》曰：“贞疾，恒不死。”① 《象》对此爻中的“贞疾”二字解释说：‘六五’‘贞疾’，乘刚也。”② 即所谓“五乘四”。

三、比

所谓“比”，就是“亲比”“比和”的意思。它一般指在六爻卦体中，如果相同而又相邻的两爻有一种亲密的关系，那么就称之为“比”。它有初爻与二爻、二爻与三爻、三爻与四爻、四爻与五爻、五爻与上爻这五种亲比情况。

值得注意的是：以往人们在运用这一结构时，往往把阴阳不同而相邻的两爻之间的密切关系，也称为“比”，很容易与“承”这一结构混淆。例如：虞翻在注解《比》(䷇) 六四“外比之，贞吉”时曰：“在外体，故称‘外’，得位比贤，故‘贞吉’也。”③ 这就是说，在《比》中，六四爻处在外卦，所以说“在外体”。六四爻是阴爻而处在第四爻位上，第四爻位是阴位，这种阴爻居阴位的现象就叫“得位”。九五爻是“君贤”之位，又因为六四爻与九五爻之间有一种密切的关系，所以虞翻就解释说：“得位比贤。”正因为如此，也有人用“阴阳亲比”来表示“比”。

我们认为：“比”就是“比”，“承”就是“承”，这应该明确予以区别：“承”是“阳上阴下”的阴阳关系，“比”是相同而又相邻两爻之间的“亲密比和”关系。例如：《同人》(䷌) 中九四与九五、上九与九五的关系就是“比”的关系。

---

① （清）李光地：《周易折中》，巴蜀书社 2006 年版，第 103 页。

② 同上书，第 440 页。

③ （唐）李鼎祚：《周易集解》，中央编译出版社 2011 年版，第 47 页。

四、应

所谓“应”，就是“阴阳相应”或“刚柔相应”的意思。它是指在六爻卦体中“相应两爻”的阴阳刚柔呼应关系，在《彖》辞中常见。所谓“相应的两爻”是指初爻与四爻、二爻与五爻、三爻与上爻。《易纬·乾凿度》曰：“三画已（以）下为地，四画已（以）上为天。”“动于地之下则应于天之下，动于地之中则应于天之中，动于地之上则应于天之上”①。如果相应两爻是一阴一阳，这就叫“阴阳相应”；如果相应两爻不是一阴一阳而都是阴爻或都是阳爻，那么这就叫“不应”或“无应”“敌应”。

《周易》是很重视阴阳相应的，它认为“相应”就是相依、相合、相呼应，这是好事，是吉利的象征；“敌应”则是相斥、相对立，这是不利的象征。在一卦中最重要的是二五两爻是否相应，它几乎决定着全卦的吉凶，其例如下：

《同人》（䷌），《彖》对此卦解释说：“柔得位得中而应乎乾，曰‘同人’。”② 意思是说，《同人》之所以叫“与人和同”的“同人”，主要取决于六二阴居阴位而“得位”，处在下卦的中位而“得中”，并且与上面的乾天九五“相应”。

《临》（䷒）初九：“咸临，贞吉。”③ 虞翻注曰：“得正应四，故‘贞吉’。”④ 意思是说，初九阳爻居阳位而“得正”；初九阳爻“应”六四阴爻，这叫“应四”，而六四爻阴居阴位而“得正”。这样，初九与六四这两个“得正”的卦爻又“互应”，这就是此卦爻“贞吉”的原因。

“应”这一结构还可以演化出“三双同位爻刚柔相应和敌应”等几个小结构。因为这几个小结构都可以从“两爻阴阳相应”的公式推出，所以在此就不详细列举。

---

① （清）李光地：《周易折中》，巴蜀书社2006年版，第343页。

② （清）赵在翰辑，钟肇鹏，萧文郁校点：《七纬》，中华书局2012年版，第34页。

③ （清）李光地：《周易折中》，巴蜀书社2006年版，第114页。

④ （唐）李鼎祚：《周易集解》，中央编译出版社2011年版，第82页。

五、当

所谓“当”，就是指六爻卦中的爻与其所居爻位是否得当。也就是说，爻的性质与其爻所居爻位的性质是否相合。

《系辞》曰：“《易》之为书也，广大悉备。有天道焉，有人道焉，有地道焉。兼三才而两之，故六。六者非它也，三才之道也。”①《说卦》曰：“昔者圣人之作《易》也，将以顺性命之理，是以立天之道曰‘阴’与‘阳’，立地之道曰‘柔’与‘刚’，立人之道曰‘仁’与‘义’，兼三才而两之，故《易》六画而成卦，分阴分阳，迭用柔刚，故《易》六位而成章。”②

《易》将六爻之卦分为三部分：上两爻代表天，下两爻代表地，中两爻代表人，三才之中各俱阴阳，初爻、第三爻，第五爻这三爻为奇数爻位，其位就称为“阳位”；第二爻、第四爻、上爻这三爻为偶数爻位，其爻位就称为“阴位”。所谓“刚柔当位”，就是指阳爻居阳位，阴爻居阴位。所谓“刚柔位不当”或“刚柔不当位”，就是指阳爻居阴位，或阴爻居阳位。“当位”或“位当”象征着它与其所处的地位相适应，而“位不当”或“不当位”则与其相反。一般地讲，“当位”含有吉利，“不当位”则含有不吉利，其例如下：

《既济》(䷾)，《彖》对此卦解释说：“刚柔正而位当也。”③《既济》的初九、九三、九五这三爻都是阳居阳位，六二、六四、上六这三爻都是阴居阴位，这六爻皆相应而位当。

《未济》(䷿)，《彖》对此卦解释说：“虽不当位，刚柔应也。”④《未济》的初六、六三、六五这三爻都是阴居阳位，九二、九四、上九这三爻都是阳居阴位，这六爻都是刚柔相应而不当位。

---

① （清）李光地：《周易折中》，巴蜀书社 2006 年版，第 615 页。
② 同上书，第 651 页。
③ 同上书，第 405 页。
④ 同上书，第 406 页。

《大壮》(䷡)六五:"丧羊于易,无悔。"[1]《象》对此解释说:"'丧羊于易',位不当也。"[2] 这就是说,六五阴爻居于阳位而位不当。

《萃》(䷬)九四:"大吉,无咎。"[3]《象》对此解释说:"'大吉,无咎',位不当也。"[4] 这就是说,九四爻之所以由大吉变为无咎,是因为九四爻阳居阴位而位不当。

六、据

所谓"据",是指在六爻卦体中阳爻立于阴爻之上,阳爻对下面的阴爻而言称"据"。也就是说,它是在下面的阴爻"承"上面阳爻的情况下,这个阳爻对"承"自己的阴爻而言,其例如下:

虞翻在注《蒙》(䷃)九二爻时云:"应五据初。"[5] 意思是说,《蒙》九二爻应六五爻,这就叫"应五"。同时,九二阳爻处在初六阴爻之上,这就是九二阳爻"据"初六阴爻,所以称为"据初"。

荀爽在注解《噬嗑》(䷔)上九爻"何校灭耳,凶"时云:"据五应三。"[6] 意思是说,在此卦体中,上九阳爻处在六五阴爻之上,这就叫"据五"。同时上九阳爻又"应"六三阴爻,所以就叫"应三"。

虞翻在注解《豫》(䷏)九四爻时云:"据有五阴,坤以众顺。"[7] 意思是说,在《豫》卦体中,九四爻为阳爻,其下面的群阴组成经卦之坤,这一坤体可以作为一个阴爻看待来承九四阳爻,坤众承九四又使其他阴爻也接受九四爻的"据",所以谓之"据有五阴,坤以众顺"。

---

① (清)李光地:《周易折中》,巴蜀书社 2006 年版,第 184 页。
② 同上书,第 475 页。
③ 同上书,第 238 页。
④ 同上书,第 596 页。
⑤ (唐)李鼎祚:《周易集解》,中央编译出版社 2011 年版,第 32 页。
⑥ 同上。
⑦ 同上。

七、中

所谓“中”，是指在六爻卦的卦体中，如果某爻处在第二爻位或第五爻位上，那么这种情况就用“中”来表示。因为第二爻是下卦的中位，第五爻是上卦的中位。它常用“居中”“得中”“处中”来表示。

《周易》是非常重视“中”的。一般地讲，如果所遇到的爻处在第二或第五这两个位置上，就有吉利之象，其例如下：

《大壮》（䷡）九二：“贞吉。”①《象》对此爻解释说：“九二‘贞吉’，以中也。”②

《巽》（䷸）九二：“巽在床下，用史巫纷若，吉，无咎。”③《象》对此解释说：“‘纷若’之‘吉’，得中也。”④

如果阳居阳位或阴居阴位，而且又“得中”，那么，这就称之为“中正”。《周易》认为：“中正”象征着人有中正之德。所谓“中正之德”，就是不偏不邪，无过无不及。人如果有中正之德，又善于实践，必能取胜。所以“中正”是吉利之象。

《讼》（䷅）九五：“讼，元吉。”⑤《象》对此爻解释说：“‘讼，元吉’，以中正也。”⑥

另外如《需》九五爻、《比》九五爻、《随》九五爻、《谦》九五爻、《豫》六二爻等等，《象》都是以“中正”来解释的。

---

① （清）李光地：《周易折中》，巴蜀书社 2006 年版，第 182 页。

② 同上书，第 474 页。

③ 同上书，第 474 页。

④ 同上书，第 292 页。

⑤ 同上书，第 57 页。

⑥ 同上书，第 421 页。

《易经》卦爻辞的系辞原理

《易》为群经之首，是中国哲学思想和学术理论的渊薮，要通透理解传统文化，须从学《易》开始；要明白《周易》的精义要旨，又须首先知晓《易经》卦爻辞的由来——《易经》卦爻辞的系辞原理。《易经》（卦）爻辞的系辞原理（之一），就是“发展的单爻变”理论。

关于使用“单爻变”方法来解卦的例子，自古就有：

> 《左传·昭公十二年》：“南蒯……枚筮之，遇《坤》之《比》，曰‘黄裳元吉’，以为大吉也……”
>
> 《左传·昭公二十九年》：“魏献子问于蔡墨……对曰‘……《周易》有之，在《乾》（䷀）之《姤》（䷫）曰“潜龙勿用”，其《同人》（䷌）曰“见龙在田”，其《大有》（䷍）曰“飞龙在天”，其《夬》（䷪）曰“亢龙有悔”，其《坤》（䷁）曰“见群龙无首，吉”。《坤》（䷁）之《剥》（䷖）曰“龙战于野”……’”

为了说明问题，我们先从《易经》卦爻辞（结构）的分类上谈起。

《易经》卦爻辞分两类：一、取象说事类；二、断占类。

“取象说事类”包括三种辞：史事辞、取象辞、说事辞。史事辞是说事辞的一种特殊表现形式，而说事辞是《易经》作者从《易》的卦爻结构中，取其“象”来表述事物及其发展关系的。我们知道，两个以上的“象”之间连带关系的表述是离不开语句的。那么，表示“象”之间的连带关系，或事物及其发展关系的语句的出现，就形成了说事辞。既然“说事”是在“取象”的基础上用语句表示其“理”的，那么，问题的关键应在“取象”上了。

象，是“易”中最原始、最基本的因素，就连《易经》的“易”字本身也是取“日月交变”之象的。正因为如此，象就居于“象数理占”四要素之首。《周易·系辞》曰：“《易》者，象也。象也者，像也。”① 这就是说，《易》，讲到底就是一种“象”。所谓“象”，就是“物象、表象和意象”这些客观之象的卦爻模拟（像）。

《易经》的卦爻象，可以说是客观无穷无尽之“象”的抽象。而抽象的卦爻象则仅仅表述了一种“像”，所以它可类比客观世界的万般事物。《易经》又通过“数”，把象与象之间的关系确定下来，并用富有哲理的语言进行表述，再将在概率基础上的占卜应验结果附在其后，这就形成《易经》卦爻辞的结构形式。

这样看来，解释《易经》的关键就在“象”“数”了。

那么，《易经》作者是怎样通过“象”“数”关系，将其（卦）爻辞系上的呢？

笔者认为：其基本理论就是“发展的单爻变原理”。

所谓“发展的单爻变”，就是讲六画卦的别卦从初爻开始依次单独爻变，其卦爻变化前后所出现的象数关系，就是其卦爻辞的系辞原理。

如果我们使用“发展的单爻变”理论分析六十四卦每爻的爻辞时，其爻辞符合此卦爻变化前后的象数关系，也就可以证明此理论是正确的。

下以《乾》（䷀）《坤》（䷁）两卦为例，可以说明使用“发展的单爻变”理论来分析、理解卦爻辞的作用：

> 《乾》初九：“潜龙，勿用。”②

潜：隐伏潜藏于下（巽☴为伏入）。龙：乾为君、为德、为龙，《乾》的六爻皆为龙，转指有才德和修养的君子。勿用：不可有所作为。

从卦爻象变化关系看，初九爻变为巽（䷫），其下卦的乾之刚健变为巽之柔顺而隐伏潜藏（巽为伏入为隐伏），所以有不可有所作为的“勿用”

① （清）李光地：《周易折中》，巴蜀书社 2006 年版，第 595 页。

② 同上书，第 26 页。

之象。

从“数”的关系看，六爻卦的上两爻代表天，下两爻代表地，中两爻代表人（这是六爻卦的天地人三才之象）。第五爻为天位，第三爻为人位，第二爻为地位，所以初爻就是地下。

从卦爻变化关系看：《乾》初九阳刚之爻变为阴柔之爻而得《姤》（䷫），《姤》的下卦为巽，巽有“伏入”之象。

初九阳爻刚健之龙处在地下，其爻变，变卦的下卦为巽，巽为隐伏，这就是“潜龙”之象。爻变后的变卦之《姤》，则有“一阴承五阳”的“刚柔相遇”之象。变卦的下卦为巽，巽为风为长女，则有“风流女性”之象；巽为伏入，又有“潜龙遇凤凰进家”之象。但《姤》之阴上“承”五阳，五阳（男）皆“据”此阴（女），则有潜龙不能与《姤》五阳相对抗的“勿用”之象。所以，《乾》初九的爻辞就是“潜龙勿用”。

《乾》九二：“见龙在田，利见大人。”①

见：第一个“见”念“现”，第二个“见”为本字。

第二爻的爻位是“地”位，是大地的表面，则有“田野”的“田”之象；从初爻发展到第二爻，是由潜藏而露面，则有“呈现”之象，所以其爻辞为“见（现）龙在田”（“在”是指《乾》九二之龙处在第二爻的大地的“田”位上）。其爻变，变卦的下卦为离，离为火，火炎趋上；离又为目，则又有目视的“见”之象。合此两项，则有“仰见”之象。爻变后第二爻与第五爻阴阳正应，第五爻为君王之位而有“大人”（高、贵、权、尊）之象。上卦为乾，乾为君，这也是“大人”之象。而变卦为上乾下离的《同人》，《同人》的下卦为离，离之火炎趋上而合其乾君，这对“见大人”是有“利”之象。所以其爻辞为“利见大人”。合此两项，《乾》九二爻辞就是“见龙在田，利见大人”。

① （清）李光地：《周易折中》，巴蜀书社2006年版，第27页。

《乾》九三："君子终日乾乾，夕惕若，厉，无咎。"①

第三爻的爻位是"人位"。乾阳之龙处在这个人位上则可取"君子"之象。九三爻处在下乾卦之终，乾为日（坤为月），则有"终日"之象。下乾之终接上乾之始而两乾相接，则有"乾乾"之象。九三爻居下乾之末，居"乾日"之终，则有"夕"之象。其爻变，下互卦为离（☲），离为目，"夕"之时遇离之"明目"，则有"惕"之象。"若"字虽是表示"状态、样子"的语助辞，但它还含有"假若"之意而暗示爻变（即单爻变）。因为"《乾》《坤》乃《易》之门户"，所以这是特别的提示。爻变后，变卦的下卦为兑（☱），兑为毁折，而且其爻处在"多凶"的人位（《周易》认为"二多誉，四多惧""三多凶，五多功"），所以有表示危险的"厉"之象。"无咎"为断占语。所以《乾》九三爻辞就是"君子终日乾乾，夕惕若，厉，无咎"。

《乾》九四："或跃在渊，无咎。"②

第四爻既不在天（即第五爻），又不在地（即第二爻），还高于人（即第三爻），其爻变，变卦之上互卦为离，离为火而有火炎趋上之象。乾阳之龙处在此位，这是其龙由"潜"而"见"，由"见"而成为"君子"、取得成绩又继续上进的"腾上天"过程中的"跃"之象。其爻变，变卦的上卦为巽（☴），巽为风，为进退，则有进退不定的"或然"之象。其下互卦为兑（☱），兑为上空下实之泽水，这就是龙所喜欢的"渊"之象。"无咎"为断占语。所以《乾》九四爻辞为"或跃在渊，无咎"。

《乾》九五："飞龙在天，利见大人。"③

---

① （清）李光地：《周易折中》，巴蜀书社2006年版，第28页。

② 同上书，第29页。

③ 同上书，第30页。

乾阳之龙再腾跃一步就上升到第五爻，这是龙在空中腾飞之象，而其爻处在“天”位上，所以有“飞龙在天”之象。第五爻在天位、尊位、君位，此时九五阳居阳位，居中得正，而有“大人”之象。乾阳之龙腾飞在天空，处在利于施展才能之际（得天时）而有“利见（现）”之象。其爻变，变卦的上卦为离（☲），离为目而有“见”之象。那么，“大人”呢？远在天边，近在眼前，大人就居于第五爻位，大人就在眼前，所以有“利见大人”之象。所以《乾》九五爻辞为：“飞龙在天，利见大人。”

《乾》上九：“亢龙有悔。”

亢，极高、阳刚太过的意思。上九爻居《乾》最高、满盈之爻位，刚健极于上则有“亢”之象。极于上则易反下，其爻变，变卦为夬（䷪）。夬，就是“决”的意思，而《夬》的上卦为兑，兑为口为毁折，其阴爻“乘”九五之尊，则有“有悔”之象。所以《乾》上九爻辞为“亢龙有悔”。

从《乾》六爻的“潜”“见”“惕”“跃”“飞”“亢”的顺序，极容易看出其发展的递变关系。

《坤》初六：“履霜，坚冰至。”

《坤》初六爻在下，这是微阴在初始凝结的“霜”之象。其爻变，变卦为《复》（䷗），《复》的下卦为震（☳），震为足为动，所以有“履”之象。霜是阴凝固而成，其势犹微，但爻变后，变卦之《复》的下卦为震，震为足为动而有继续不断发展之意，那么，此时的微阴之气必将积少成多，寒水冷冻而结冰，由此可推知“坚冰”局面将至。

从“发展的单爻变”理论看，“坚冰至”也是有其“象数”依据的。《坤》从初六爻的单爻变开始依次向前发展：六二单爻变，则下卦为坎（☵），坎为水；六三单爻变，则下互卦为坎为水，而下卦为艮（☶）为山，则有“坚硬”之象，坎水艮坚，则有“坚冰”之象；六四爻变，则下互卦为艮为坚硬，上互卦为坎为水，这也是“坚冰”之象；六五爻变，则上互卦为艮为坚，上卦为坎为水，这仍然是“坚冰”之象；上六爻变，则上卦为艮为坚，这是“坚硬之极”之象。从“发展的单爻变”观点看，这都是“坚冰”之象。

所谓“至”，就是由此至彼，由彼至此的“至”，它表示彼此两者之间的发展联系。此爻辞中的“至”字给我们的启示就是：“坤”初六的“霜”象与其他各爻各自爻变后所得“象”之间的必然联系和发展趋势。其爻变后所得的变卦为《复》，这正是由此至彼，由彼至此的“复归”之象。

综上所述，当我们在分析某卦爻辞时，是将这一爻（六十四卦每卦每爻皆为或九或六的变爻）变化后（阳爻变阴爻，阴爻变阳爻），再观察其爻变化前后的象数关系，依其象数关系来分析卦爻辞。这种作法是为了让人们从阴阳卦画的变化所明示的象数结构中，清楚地看到其爻所具有的一切象数关系。但是《易经》卦爻辞作者在系辞时，并不一定非要将其爻阳变阴、阴变阳地画出后再寻找其象数关系，而这种爻变过程应是在思维中进行的。也就是说，当分析某卦爻时，既要考虑到整个卦象与其爻的象数关系，与此同时，还要考虑作为这一阴爻（或阳爻）对立面的阳爻（或阴爻），处在此时此境中可能出现的另一种状态，即作为其对立面的爻在整个卦象中的地位及其相互关系。也就是说，某一事物处在某一环境中，不仅要考虑这一事物的正面因素与各种因素的相互关系；还必须要考虑这一事物的反面因素与各种因素的相互关系。因为任何事物总是具有正反两个方面，用《易》来讲就是任何事物都具有阴阳。

解卦示例——《同人》(䷌)的结构分析

在《易》解三十六计之前，必须明了《易经》的解卦理路，兹以《同人》解卦示例如下：

《同人》(䷌)的成卦之主是六二爻，而主卦之主是九五爻。

> 同人于野，亨。利涉大川。利君子贞。①
>
> 初九：同人于门，无咎。②

爻辞象数解 《同人》初九爻变，变卦的下卦为艮(☶)为门阙，所以有"同人于门"之象。初九阳刚受九四"敌应"，还受到成卦之主六二所"乘"，所以有"咎灾"之忧；但处在与人和谐的"同人"时态中，其爻变，又与成卦之主六二"亲比和同"，还"应"九四，而且变卦为《遁》，顺势而退，所以有"无咎"之象。

六爻结构解 《同人》五阳爻在"同人"的时态中，皆欲和六二之阴爻相和相好，初九也不例外，也想和六二相好。但是初九和六二的关系是六二"乘"初九，亦即六二欺凌初九。从爻位上讲，六二地位高于初九。初九又想去"同"(亲和)六二，通过爻变，变卦的下卦为艮(艮为门)，初爻与六二"亲比"，以亲比的形式与六二和同(即所谓"同人于门")。六二之阴居中得正，中正而应的相同相好者，是其上卦乾体中的九五爻。在《同人》中，初九受六二所"乘"，又受九四"敌应"，而易受咎灾，但由于其与六二的关系是"亲比"(一般朋友)的关系，则以变卦之《遁》

① (清)李光地：《周易折中》，巴蜀书社2006年版，第87页。

② 同上书，第88页。

为行为思路，顺势而退，所以其结局是“无所咎灾”。

六二：同人于宗，吝。①

爻辞象数解 《同人》六二与主卦之主——君父之位的九五中正而应，所以有“与人和同”的“同人”之象。九五是《同人》的主卦之主，是居君父之位的上乾卦的主爻，乾卦是八卦之父，是六十四卦之祖。其爻变，变卦为两乾相重的《乾》(䷀)，而九五爻是父（下乾卦）之父（上乾卦），这就是祖宗的“宗”之象。合观之则有“同人于宗”之象。《同人》的互卦为《姤》（其互体即为“艳遇结构”）而《同人》六二爻正是《姤》的主爻（即“艳遇结构”的主爻），但《同人》六二却阴居阴位居中得正，“身正不怕影子歪”，所以有“吝”之象。

六爻结构解 六二是《同人》的成卦之主，她真心（六二是《同人》下卦之离的主爻，离为红为心）地爱着（中正而应）身居乾体（乾为官为上）之中的九五这位“主卦之主”。那么，在“同人”的时态中，她持什么样的思想态度呢？其爻变，变卦之《乾》的上卦、下卦、上互卦、下互卦皆为乾（☰），乾为父，所以有“父亲的父亲的父亲的父亲——祖宗”之象（即所谓“同人于宗”）。这种依托于“祖宗”的“同人”，则说明六二是位“遵祖训”的“传统派”女性。这样的女性在主动（成卦之主）走向社会与大众广泛交往（“同人”）时，难免有不圆滑之处，同时她又是一位有工作能力（居第二爻位的“芝麻官”；又是下卦之离的主爻，离为文书为文学修养）而逗人爱的窈窕淑女（六二是下互卦巽卦的主爻，巽为风，为长，为苗条身材；六二也是下卦之离卦的主爻，离为火为漂亮，为目为大眼睛，即漂亮而传神）。但是，正因为她是“同人于宗”的传统派女性，坚持“身正不怕影子歪”的观念，最多会受到一些风言风语（吝）的侵扰而已。

---

① （清）李光地：《周易折中》，巴蜀书社2006年版，第89页。

九三：伏戎于莽，升其高陵，三岁不兴。①

爻辞象数解　《同人》九三所在的下互卦为巽为伏入而有“伏”之象；其下卦为离为戈兵而有“戎”之象；其下互卦为巽为草木而有“莽”之象，合观之则有“伏戎于莽”之象。其爻变，变卦的上互卦为巽，变卦中的巽比本卦中的巽升高一爻位（变卦中的巽是上互卦的三四五这三爻，而本卦中的巽是下互卦的二三四这三爻），所以有“升”之象；变卦的下互卦为艮为高山，所以有“山陵”的“陵”之象；其巽“升”于艮山之上，合观之则有“升其高陵”之象。《同人》的下卦为离而有“三岁”之象，其爻变，变卦的下互卦为艮，艮为止为绝，而有“不兴”之象，合观之则有“三岁不兴”之象。其爻变，变卦的下互卦为艮为止为绝，爻变后，本卦之巽上升到变卦的艮山之上的“升其高陵”，而导致《同人》下卦离之“三岁”的消失，这也是“三岁不兴”之象。合观之，则有“升其高陵，三岁不兴”之象。

六爻结构解　九三处在《同人》结构体中也欲“同人”，“同”谁呢？九三受六二所“承”，而“据”六二，漂亮（离为漂亮）的六二正是成卦之主，所以九三所同者必是六二。九三与六二的“承”“据”关系本是正当（九三阳居阳位、六二阴据阴位）的交往关系，从爻位上看，是上下关系，正是因为如此，中正有应的六二才大胆地与九三交往“同人”，但在无意之中却构成了互体的“艳遇结构”。九三与六二的真心所“同”（中正而应）者——九五同处在上互卦的乾体之中，深知九五之尊的强大（上卦之乾），所以提早准备应付九五的威胁，而“伏（下互卦之巽）戎（下卦之离）于莽（下互卦之巽）”。为什么“伏（下互卦之巽）戎（下卦之离）于莽（下互卦之巽）”可以应付问题呢？因为要想应付以九五为主的乾金（《周易·说卦》有曰：“乾……为金”），就应该以巽木（《周易·说卦》曰：“巽为木”）生离火（《周易·说卦》曰：“离为火”），以离火来克制乾金。这一战略思路完全正确。但是，九三在战术上却有所变化（爻变）——为防万一而提高战备，这却画蛇添足：其爻变，原本处在下互卦

① （清）李光地：《周易折中》，巴蜀书社2006年版，第89页。

位置上的巽木却升在变卦的下互卦艮山之上，即其爻辞所谓“升其高陵（艮为山——高陵）”。那么，这将带来什么样的结果呢？六爻结构的变化非常清楚：离火（之“戎”）被变卦的艮山（之土）化为乌有。因为“离为三，为年；艮为山，为止，为绝，为不兴”，即其爻辞所谓“三岁不兴”——倒了三年的霉。这很明显是以九五为首的乾金对他的打击（乾金克巽木）。

九四：乘其墉，弗克攻。吉。①

爻辞象数解 九四处在《同人》的时态中也想与六二和同，但是九三却像“墙”（九三阳刚之爻）一样地将九四与六二隔开，九四阳居阴位而不死心，因其爻在下互卦巽体上而“无孔不入”地寻找机会，其爻变，变卦的下互卦为坎，坎为沟为通，使二爻与四爻同处此坎中，并以其阴“乘”九三之阳，所以有“乘其墉”（“同”六二）之象。变卦的上卦为巽为入，下互卦为坎为险，上互卦为离为虚（互卦的上离下坎，构成“未济结构䷿”），所以有“不能攻克反而有陷入危险的徒劳”之象，这就是“弗克攻”之象。《同人》的下互卦为巽为进退，其爻变，变卦的上卦也为巽为进退，而且爻变后阴居阴位与初九相应，还“承”主卦之主九五之尊，所以有“弗克攻”则见风使舵地转而服从九五之尊，不去争战的“得吉”之象，合观之则有“弗克攻。吉”之象。

六爻结构解 九四也要与六二相好（“同人”），但是，六二已经被九三所“据”，九三插在六二与九四中间，像一座墙（“墉”）一样挡住九四对六二之“据”。九四处在“同人”的卦时情况下，不死心而变换花样地（爻变）与六二接触。其爻变，以其阴而居九三之上，阴居阳上曰“乘”，即其爻辞所谓“乘其墉”。这“乘其墉”则导致九四与六二处在同一坎卦中，既在同一坎卦中则说明九四与六二有其“同人”的交往。这“乘其墉”与六二“同人”，在其变卦六爻结构中却出现了互卦的“未济结构”。这“未济结构”说明九四的“同人”行为没有成功，即其爻辞所谓“弗克

① （清）李光地：《周易折中》，巴蜀书社2006年版，第89页。

攻”。在这里出现了一个问题，一般地讲，没有达到行为目的应该为“不吉”，但是其爻辞却出现了“吉”这个辞。为什么呢？这还要从变卦的六爻结构中找答案。九四爻变后，其阴爻是变卦的上卦——巽卦的主爻，巽为风，为风言风语的谣言散布，对谁散布谣言呢，六爻结构显示：其阴“承”九五这位与“成卦之主”“中正而应”的“主卦之主”，可见是在九五面前散布流言蜚语。那么，这流言蜚语是针对谁的呢？从六爻结构上看，《同人》九四本来就与初九“敌应”，说明九四是在九五面前告初九的状。作为通风报信告状的九四，当然不会受到九五的打击，不但不会受到打击，而且容易受到表彰。九四因此而得“吉”。这就是爻辞所谓“乘其墉，弗克攻。吉”的缘由。

九五：同人，先号咷而后笑，大师克，相遇。①

爻辞象数解 处在《同人》的卦时中，九五与六二中正而应，这是“同人”之象。九五爻变，上互卦之乾变为兑，兑为口为口舌为泽水为毁折，而上卦为离目，所以有“号咷”之象。其变卦的上互卦为兑为喜悦而有“笑”之象。九五居天尊之位，又是《同人》的上卦乾的主爻，乾为“大”为“刚健而行”，而有“大师”之象。《同人》九五处在上卦乾体与上九亲比而共同解决九三与六二的关系问题：上九亲比主卦之主九五之尊而敌应九三，则有以上敌下的“克胜”之象；以九五为首的上卦之乾金“克胜”以六二为主的下互卦之巽木和九三爻变后，变卦中以第三爻为首的上互卦巽木（这就是《同人》九三爻爻变“升其高陵，三岁不兴”的原因），这就是“大师克”之象。九五与六二中正而应，所以有“相遇”之象。九五本来与六二正应，但九三“据”六二，六二“承”九三，这就是九五在“同人”问题上遇到情敌九三“据”六二的麻烦；上九敌应九三而亲比九五，九五爻变后，变卦的上互卦为兑为口舌为毁折为泽水；上卦为离为目，所以有“先号咷”之象。变卦的上互卦为兑为喜悦，其上下两卦皆为离目，所以有“后笑”之象。其“笑”也是因“大师克，相遇”所

① （清）李光地：《周易折中》，巴蜀书社 2006 年版，第 90 页。

导致。

六爻结构解 九五是《同人》的“主卦之主”，所以其爻辞一开始就明言“同人”二字。这“同人”二字也说明九五又哭又笑及其后来的行为都是在“同人”的时态中发生的。九五为什么哭呢？从六爻结构及其变化上看，六二与九五本是阳居阳位、阴居阴位、中正而应的一对，九五所代表的上卦之乾，象征着九五身为头领，在外（外卦）自强不息地工作着。当九五听到九四、上九等所传的风言风语，致使内心变化（爻变），从而导致二五两爻“敌应”，而且上卦为离，下卦也为离，两离卦的六个爻彼此都“敌应”，离为心，这显示九五与六二的心中发生冲突，而且非常容易火（下离卦之火）上加火（上离卦之火），在这种情况下，气得九五哭了。从六爻结构及其变化看：九五爻变之阴既是上卦之离的主爻，又是上互卦之兑的主爻。从兑卦的象征意义上讲，兑为泽，兑的上爻之阴为水，中爻之阳为泥，下爻之阳为沙土。兑为口，离为目。对九五爻变之阴来讲，这就是“瞪大眼睛，眼含泪水；张开大口，流着口水”的号啕大哭之象。痛哭之中，上卦为离，下卦也为离，离为目，又是重复位，这又是“观察了又观察，分析了又分析”之象。观察分析二五两爻的敌应矛盾：二五两爻敌应，二爻既中又正，五爻却中而不正（不当），其错在于自己，对方（六二）没有错。观察到这里，九五笑了。从六爻结构上看：“上四爻连互”所构成的“瞪大眼睛，眼含泪水；张开大口，流着口水”也是大笑之象。所以爻辞说：“先咷号而后笑”。笑，并不解决问题。要解决问题，必须改正自己的错误，回归到阳居阳位的中正而应的位置上（回归到本卦上），这又构成九五的主卦之主的地位，而且九五又是上卦乾（乾为金）体的主爻，所以有九五率师而动的“大师克”之象。克谁呢？克上爻吧，上爻既是自己的上司又是通风报信者，更何况上司对此事的态度是善意的（上九的分析见后）；克九四吧，九四既是友好的朋友关系（九五与九四两者是“亲比”的关系），又是通风报信者；克六二吧，六二是自己的“同人”对象；克初九吧，初九太远，与六二则不可能有超越雷池的交往；克九三吧，九三处在上互卦的乾体（乾为天为圆）之中而把自己的行为说得圆满而似天衣无缝，至此，以九五为首的乾金之“师”，无从所克。而此时九三的行为是（爻变的）“升其高陵”，这“升其高陵”的卦爻结构是：九三成为变卦的上互卦巽卦的主爻而露出了尾巴（巽为风，为长，为进退而有“尾巴”之象），巽又为木，“大师”的乾金所克的正是巽木（金克木），正因为如此，九三遭到“三岁不兴”的结局。九五解决了九三与六二的“承”“据”问题，消除了误会，二五两爻中正而应的“同人”和好如初，所以其爻辞以“相遇”来表示。

上九：同人于郊，无悔。①

爻辞象数解　上九处在上卦乾体的外爻，乾为邑都，邑都之外即为“郊”，所以《同人》上九有“同人于郊”之象。上九也欲求同六二，但是因为中间隔着三个阳爻的乾体，自己不当位又与“据”六二的九三敌应而无所得。爻变后，虽阴居阴位得位，却“乘”九五之尊的主卦之主，这是“悔”之象。然而，阴居阴位得正而又有所“应”，并且其所乘者并非小人而是居中得正的坦荡君子，所以有“无悔”之象。

六爻结构解　处在上卦乾体的外爻之“郊（太上皇之位却无实权）”的上九爻，也是因为处在“同人”的时态中，也想求“同”于六二，但是因为中间隔着三个阳爻的乾体（乾为父，为老大爷）而无法与六二“同人”，而且因为自己不当位又与“据”六二的九三敌应而无所得。上九与九三“阳刚敌应”，这意味着上九与九三有着敌意关系。上九与九五是“亲比”的关系。这样，在“同人”事情发生的过程中，上九在不能得到六二的“和同”之后，转而（爻变）在九五面前（上九与九五亲比）告（变卦的上卦之兑，兑为口）九三的状（上九与九三敌应）。因为上九爻变后，其阳变为阴而成为上卦兑卦的主爻，兑为口，而且以其阴来“乘”九五之阳，即以长辈的身份（上九比九五高一个爻位）来教训九五（乘九五），要九五必须解决问题。九五毕竟是主卦之主的九五之尊，虽然心里不高兴这种“欺凌”（乘）的语气，但是考虑到上九毕竟是善意的（上九爻变所形成的兑口之阴爻，阴居阴位——当），而对上九未有任何不利的举动，所以上九只是“无悔”而已。

---

① （清）李光地：《周易折中》，巴蜀书社2006年版，第91页。

启经结构

在“易数”的预测实践中，我们发现除了“垂象”的捕捉分析以外，对卦爻结构的分析算是最难的了。

所谓“结构”，是指在六爻的卦体中，爻与爻、卦与卦、爻与卦之间的内在联系模式。

所谓“启经结构”，是指我们通过对《易经》卦爻结构及其卦爻辞的分析，从《易经》卦爻结构中推导出某些结构式，我们把这些结构式与实践相结合，在概率统计的基础上，把具有应验率的卦爻结构规范化以后所形成的卦爻结构式。

在研究解析《三十六计》时，我们发现这些结构式对我们的助益很大。所以我们在此讲述十个基本结构，并乞方家指正。

一、既济结构䷾（未济结构䷿）

所谓“既济结构”，就是在一个四爻连互体中，如果其中上面三个爻组成坎卦（☵），下面三个爻组成离卦（☲），那么这个上坎下离的四爻连互体就被称为“既济结构（䷾）”。

“既济结构（䷾）”具有《既济》（䷾）的意义，也就是说，“既济结构”具有《既济》的整体内容。

为什么叫“既济结构”呢？因为如果把这个四爻连互体的上三个爻组成的坎卦作为上卦，把下三个爻组成的离卦作为下卦，那么就得到一个新的六爻卦，这个六爻卦就是《既济》，所以我们称这种四爻连互体为“既济结构”。

所谓"未济结构"(☲☵),就是在一个四爻连互体中,如果其中上面三个爻组成离卦,下面三个爻组成坎卦,那么这个上离下坎的四爻连互体就是"未济结构(☲☵)"。"未济结构(☲☵)"具有《未济》(䷿)的整体意义。

> 《易经·屯·六三》(䷂)曰:"即鹿无虞,惟入于林中。君子几,不如舍,往吝。"①

屯卦六三处在下卦震体之上,也带有"动"之象,而且还处在上互卦艮体之下,艮为山而其上坚硬,则有"鹿"之象,合观之,其爻有"即鹿"之象。六三所"应"的爻位是第六爻,而第六爻正是"乘"艮山主爻九五的上六爻,所以有"看山人"的"虞"之象;上六阴爻"不应"六三阴爻,所以有"无虞"之象。下卦为震为青竹,上互卦为艮为山为"坚多节"之树木,而六三正处在震艮两卦之中,所以有"惟入于林中"之象。六三处在"人位"而有"君子"之象。其爻变,变卦的下卦与上互卦皆为离卦,离为目为明,此时是"目目相连",所以才有分析了又分析,观察了再观察,发现微小兆应暗有坎险的"几"之象。问题的关键是"不如舍,往吝"一句。这五个字完全是由爻变后所形成的结构决定的。

爻变后的第三爻是下互卦坎体的主爻。此坎卦可与下卦之离组成"四爻连互卦",也可与上互卦之离构成"四爻连互卦"。但这两个"四爻连互卦"是不同的:其坎与上互卦之离构成"未济结构(☲☵)",与下卦之离构成"既济结构(☵☲)"。那么此坎卦与哪一个离卦结合好呢?往上与上面的离卦结合则称为"往",所组成的是"未济结构"而有"未济"之"吝";舍而趋下与下面的离卦结合则称为后退之"舍",所组成的是"既济结构"而有"既济"之"吉"。所以《易经》以"不如舍,往吝"的爻辞告诉后人其吉凶。

可见,有些卦爻辞是由卦爻结构决定的。如果掌握了卦爻结构的吉凶趋向,即使没有背或背不出卦爻辞,判断其吉凶也是不难的。

---

① (清)李光地:《周易折中》,巴蜀书社2006年版,第43页。

《师》六四曰："师左次，无咎。"①

师：兴师作战。左：震，在后天八卦中震为东为左。次：舍。左次：退舍。

《师》（䷆）六四处在兴师作战之时，大家都向前冲锋，为什么单单六四在战斗中后退却没有凶而无所咎灾呢？这是因为：其爻变，变卦的上卦为震（☳）为动为东而有"左"之象；其爻正是上互卦坎水的主爻，坎为水而趋下，则有"次"之象。在这种格局中，坎水趋下正与下互卦离火构成"既济结构"，正是因为这种结构关系，所以爻辞系以"无咎"。

《比》六三（䷇）曰："比之匪人。"②

六三爻之所以有这种不好的结论，其中主要原因就是因为爻变后其爻所在的下互卦为坎（☵），上互卦为离（☲），两者形成"未济结构（䷿）"。

《谦》初六（䷎）曰："谦谦，君子用涉大川，吉。"③

初六爻之所以有"涉大川"之"吉"，其中主要原因就是因为爻变后下卦为离（☲）为火，火炎趋上，与下互卦的坎（☵）水形成"既济结构（䷾）"。

《谦》六五（䷎）曰："不富以其邻，利用侵伐，无不利。"④

六五之所以有"利用侵伐，无不利"，其中主要原因就是因为爻变后其上卦为坎水，水流趋下，与上互卦的离火形成"既济结构（䷾）"。

① （清）李光地：《周易折中》，巴蜀书社2006年版，第60页。
② 同上书，第65页。
③ 同上书，第96页。
④ 同上书，第98页。

《豫》六二（䷏）曰："介于石，不终日，贞吉。"①

《豫》六二《象》曰："'不终日，贞吉'，以中正也。"②

注：爻辞中的"贞"字皆指"当位"而言。

六二爻介石中正的失败，从《易经》的结构上讲在于爻变后遇水而呈现的"未济结构（䷿）"，如：润（《系辞》曰："雨以润之"）、泽，皆有水象。

在"易卦"推导时，"既济结构（䷾）"与"未济结构（䷿）"的应用，应该注意以下几个要点：

1. 其爻必须是坎卦或离卦的主爻。

2. 其爻是坎卦主爻还是离卦主爻，必须清楚。因为其中还有个"克和被克"的关系问题。

3. 关于初爻与上爻的"既济结构"与"未济结构"的使用，还要注意上爻与初爻。即：在使用上爻时要注意下爻，在使用下爻时要注意上爻。

二、勿动结构（䷵）

所谓"勿动结构（䷵）"，是指在一个四爻连互体中，如果其中上面三个爻组成震卦，下面三个爻组成兑卦，那么这个上震下兑的四爻连互体就是"勿动结构（䷵）"。

为什么叫"勿动结构"呢？因为震为雷为木为动，兑为金为刃为毁折。兑金毁折震木之动，所以对震木来讲，则称为"勿动"。

① （清）李光地：《周易折中》，巴蜀书社 2006 年版，第 101 页。

② 同上书，第 440 页。

《损》九二（䷨）曰："利贞，征凶，弗损益之。"①

为什么《损》九二爻有"征凶"的爻辞呢？

因为九二爻处在两个经卦之中，即：它是其震卦的主爻，又处在兑体之中，这两个卦所组成的结构体就是"勿动结构"。正因为如此，所以爻辞以"征凶"来明示。

《节》九二（䷻）曰："不出门庭，凶。"②

为什么《节》九二爻辞有"不出门庭，凶"呢？

因为《节》九二爻与《损》九二爻一样，也是处在下四爻连互体的"勿动结构（☳☱）"中，即《节》九二爻也处在下互卦之震木与下卦之兑金所组成的"勿动结构（☳☱）"中，也是因为其爻是震木动体的主爻，其震木之动被兑金毁折，所以有"凶"。

《颐》六二曰："颠颐，拂经于丘颐，征凶。"③

为什么《颐》六二爻也有"征凶"的爻辞呢？

因为《颐》（䷚）六二爻爻变后，其爻处在震兑两卦之中，其爻又是震动之卦的主爻，其动必被兑金所毁折。其结构就是"勿动结构（☳☱）"，所以也有"征凶"的爻辞。

另外《蒙·初六》（䷃）有"以往吝"之语，为什么在此"往"而"动"是不吉利的呢？因为初爻爻变后，其下卦与下互卦组成的是"勿动结构（☳☱）"。

"勿动结构"的例子在《易经》中很多，我们就不一一列举了。

关于"勿动结构（☳☱）"的运用，应特别注意主体的判定，如果主体

① （清）李光地：《周易折中》，巴蜀书社 2006 年版，第 216 页。
② 同上书，第 304 页。
③ 同上书，第 149 页。

为兑，那么，情况则相反。因为兑卦是“制动”的一方，而震卦则是“被制”的一方。

十二消息卦中的“勿动结构”还必须看十二消息时令。

三、毁股结构（䷛）

所谓“毁股结构（䷛）”，是指在一个四爻连互体中，如果其中上面三个爻组成兑卦，下面三个爻组成巽卦，那么这个上兑下巽的四爻连互体就是“毁股结构（䷛）”。

为什么称为“毁股结构（䷛）”呢？因为在这个结构中，兑为金为毁折，巽为木为股，兑金克巽木，兑金毁折巽木之股，所以称其为“毁股结构（䷛）”。

> 《蒙》六三（䷃）曰：“勿用取女，见金夫，不有躬，无攸利。”①

为什么此卦爻辞示人不要娶此女呢？因为其爻变。其爻所在的下卦为巽为木为长女为股，其下互卦为兑为金为毁折，从而构成了“毁股结构（䷛）”。也就是说，当爻变后出现兑金，此巽长女则被兑金毁折其股而有“不有躬”的失身之象。之所以爻辞还示以“勿用”之辞，那是因为与此同时还出现了一个“勿动结构（䷵）”。其爻变后下互卦为兑金，这个兑金与下卦巽木之股构成“毁股结构”，同时与上互卦震动之木构成“勿动结构（䷵）”。这“勿动结构”就是爻辞“勿用”的象数结构依据。

> 《师》六三（䷆）曰：“师或舆尸，凶。”②

师：兴师作战的《师》的“卦时”。或：巽卦进退不定的或然之象。

---

① （清）李光地：《周易折中》，巴蜀书社2006年版，第47页。

② 同上书，第60页。

师：兴师作战的《师》的“卦时”。或：巽卦进退不定的或然之象。舆：车，震木运动之车。尸：兑金毁折巽木之股，毁折震木之车动的“不动”之象，即其股被毁折而不能动的“尸”之象。

《师》六三爻变，变卦（䷭）中其爻处在三个经卦之中：上互卦为震为舆为车为震动之木，下互卦为兑为金为毁折，下卦为巽为风为进退为木为股。其兑金之毁折与下卦巽木之股构成金克木的“毁股结构（⚋⚊⚊⚋）”，与上互卦震木之动构成金克木动的“勿动结构（⚋⚋⚊⚊）”，所以其爻辞有“师或舆尸，凶”之辞。

以上两例是“勿动结构（⚋⚋⚊⚊）”与“毁股结构（⚋⚊⚊⚋）”的并用。其实在大多数情况下是单独用。

> 《同人》九五（䷌）曰：“同人，先号咷而后笑，大师克，相遇。”①

为什么《同人》九五爻有“号咷”之辞呢？其中原因就是九五爻变后，其卦的互体是“毁股结构（⚋⚊⚊⚋）”，而被兑金所毁的是巽体之木，而巽卦的主爻就是《同人》的六二爻。这六二爻正是九五爻的所“应”（相好）之爻。（当然还要参考下面要讲的“血刃结构（⚊⚋⚊⚊）”）

> 《豫》六五（䷏）曰：“贞疾，恒不死。”②

为什么《豫》六五爻有“贞疾”之辞呢？

因为六五爻变后，在变卦《萃》（䷬）中，其爻则阳居阳位而有“贞”之象，但同时上卦则变成兑卦，兑为金为毁折，而上互卦则变成巽卦，巽为木为股，这正形成“毁股结构”。其“股”被“毁”，这就是“伤疾”之象，这“伤疾”是由于爻变后其爻“当位”之“贞”形成，所以其爻辞特系以“贞疾”之辞。

---

① （清）李光地：《周易折中》，巴蜀书社2006年版，第90页。

② 同上书，第103页。

在《易经》中这样的例证很多，在此就不多举了。

四、血刃结构（☲☱）

所谓“血刃结构（☲☱）”，是指在一个四爻连互体中，如果其中上面三个爻组成离卦，下面三个爻组成兑卦，那么这个上离下兑的四爻连互体就是“血刃结构（☲☱）”。

为什么称为“血刃结构”呢？因为在这个结构体中，下面的三个爻组成兑卦。在《易经》中也把兑卦的上爻作为水，下爻作为沙土，中爻作为泥来看待。而在这个结构体中，作为水的兑卦的上爻正是离卦的主爻。离为赤色，这红色的水就是“血”之象，而其兑卦又是毁折之金，离卦又为戈兵，所以有“刃”之象。因此我们称其为“血刃结构（☲☱）”。

《需》六四（䷄）曰：“需于血，出自穴。”①

《需》（䷄）六四爻既是上互卦离火的主爻，又是下互卦兑金的主爻，以六四爻为主构成的互体就是“血刃结构”。而其爻辞中的“血”字就是“血刃结构（☲☱）”的“血”字，即，“刀刃见血”之“血”。

《小畜》六四（䷈）曰：“有孚，血去，惕出，无咎。”②

此卦的互体与《需》的互体完全一样，都是“血刃结构（☲☱）”。正是因为如此，所以《小畜》六四爻辞中也有一个“血”字。

《履·六三》（䷉）中的“虎”“咥人”之“凶”，《睽·六三》（䷥）中的“劓（割鼻子）”，《旅·六五》（䷷）中的“射雉，一矢亡”，《兑·六三》（䷹）中的“来兑，凶”，以上这些皆可从其卦中的“血刃结构（☲☱）”

① （清）李光地：《周易折中》，巴蜀书社2006年版，第52页。

② 同上书，第71页。

上看出来。

《中孚》六四（䷼）曰："月几望，马匹亡，无咎。"①

《中孚》六四爻辞中之所以有"马匹亡"，就是因为：其爻变、变卦的上卦为乾为马，变卦的下卦与下互卦构成"血刃结构"，马遇"血刃"岂能不亡！

《姤》九四（䷫）曰："包无鱼，起凶。"②

《姤》九四爻辞"凶"的象数结构依据就是：其爻变，变卦《巽》（䷸）中存在着两个结构：

一至四爻构成"毁股结构（）"，二至五爻构成"血刃结构（）"。

《易经》中这种例子的确很多，只有结合具体情况具体分析，才能得出正确的结论。

五、反目结构（）

所谓"反目结构（）"，是指在一个五爻连互体中，如果其中上面的三个爻组成巽卦，下面的三个爻组成兑卦，中间的三个爻组成离卦，那么这个上巽中离下兑的五爻连互体就是"反目结构"。

所谓"反目"，就是"夫妻反目"的"反目"。也就是说，主观上不管怎样处理，客观上总要出现磨擦或争吵。其应验的时间，往往是火年火月火日火时。

"反目结构"源于《易经·小畜》九三：

① （清）李光地：《周易折中》，巴蜀书社2006年版，第309页。

② 同上书，第242页。

《小畜·九三》曰："舆说辐，夫妻反目。"①

《小畜》（䷈）的上卦为巽为木为长女为小母，所以有"妻"之象。下卦为乾为父，所以有"夫"之象。上互卦为离为目，上卦为巽为"多白眼"，这就是"妻子多白眼"之象；下卦为乾为夫，下互卦为兑为口舌为毁折，合观之则有"夫妻反目"之象。

"反目结构（☲）"的主爻就是其结构体中的阴爻。

那么，为什么《易经》"夫妻反目"之辞出现在《小畜》九三的爻辞中，而不出现在其卦的六四爻辞中呢？这是因为在《易经》筮法中，如果遇到某卦的爻是"变爻"的情况，便会使用本卦变爻的爻辞来作判断。而在《小畜》九三爻是变爻的情况下，之所以使用"夫妻反目"之辞，是因为在这种情况下，其变卦是《中孚》（䷼），而《中孚》正是"大离卦"（离为目）。而作为"反目结构（☲）"这个五爻连互体的"连互卦"就是"大离卦"。当然，也正是这个"大离卦"才导致其应验时间往往是"火"（离为火）气当令的时节。

我们在实践中发现，凡带有"反目结构"的卦，基本上都有"口舌之争"的应验。值得注意的是，我们讲"反目结构"源于《易经》的"夫妻反目"，这并不等于说，凡带有"反目结构"的卦所反映的事都是"夫妻不和"，或人们无法逢凶化吉，这可以在《易经》爻辞中得到证明。

例如：《履》（䷉）之《中孚》（䷼），就是带有"反目结构（☲）"的《履》（䷉）九四爻爻变而变为"大离卦"的例子。《履》九四爻辞是："履虎尾，愬愬，终吉。"可见，虽有危险，但只要加倍注意自己的行为，最"终"还是可以得"吉"的。

从结构上看，"反目结构（☲）"必然包含"血刃结构"在内，可知其凶的程度。但作为"反目结构（☲）"的主爻如果"当位"的话，其凶则小，如果加上主观努力，还可以得益呢！当然，如果"不当位"的话，其凶也就更大了。

例如：《小畜》（䷈）六四爻就是其卦"反目结构（☲）"的主爻，由

① （清）李光地：《周易折中》，巴蜀书社 2006 年版，第 71 页。

于其爻“阴居阴位”而“当位”，其爻辞却出现：“有孚，血去，惕出，无咎。”

再如：《巽》（䷸）六四爻也是其卦“反目结构（≡）”的主爻，由于其爻“阴居阴位”而“当位”，其爻辞却出现“悔亡，田获三品”。

再如：《兑》（䷹）六三爻也是其卦“反目结构（≡）”的主爻，由于其爻“阴居阳位”而“不当”，其爻辞则有“来兑，凶”之辞。

又如：《履》六三爻也是其卦“反目结构”的主爻，由于其爻“阴居阳位”而“不当”，其爻辞则有“履虎尾，咥人，凶”的断语。

可见，《易经》确有“彰往”“察来”的趋吉避凶功能。

六、复体结构（䷗）

所谓“复体结构（䷗）”，是指在一个四爻连互体中，如果其中上面三个爻组成坤卦，下面三个爻组成震卦，那么这个上坤下震的四爻连互体就是“复体结构（䷗）”。

为什么叫“复体结构（䷗）”呢？因为如果把这个四爻连互体的上面三个爻组成的坤卦作为上卦，把下面三个爻组成的震卦作为下卦，那么就得到一个新的六爻卦，而这个新的六爻卦就是《复》（䷗），所以我们把这样的四个爻组成的结构体称为“复体结构（䷗）”。

“复体结构（䷗）”源于《易经·蒙》九二：

> 包蒙，吉。纳妇吉，子克家。①

《蒙》（䷃）的“互体”就是“复体结构（䷗）”。

这个“复体结构（䷗）”的意义，正如《蒙·九二》的爻辞所言：“纳妇吉，子克家。”为什么它有这种意义呢？请看《蒙·九二》的结构：《蒙》互体的震卦为木为动（纳）为长男（长子的子），其坤卦为土为柔顺

① （清）李光地：《周易折中》，巴蜀书社2006年版，第47页。

为母为妇为家，震木克坤土，所以有“纳妇吉，子克家”之象。也就是说，在“复体结构（䷗）”中，其震卦为动为木为长男，其坤卦为土为顺为妇为家，震木克坤土而震方胜。

由此可证：五行生克之理，源于《易经》。

《易经·蒙》九二的“纳妇吉，子克家”，还有一个坎水（下卦）生震木、助震木、克坤土的问题。

例如：《谦》（䷎）上四爻的连互体就是“复体结构（䷗）”。“复体结构（䷗）”的主爻是其震卦之阳爻，所以《谦》九三爻就是其“复体结构”的主爻。而《谦》九三的爻辞是：“劳谦，君子有终，吉。”这就是下互卦坎水生震木的例子。有没有坎水生助震木，这是我们判断震木力度的着眼点。

再如：《明夷》（䷣）上四爻的连互体也是“复体结构（䷗）”。作为“复体结构”主爻的《明夷》九三的爻辞是：“明夷于南狩，得其大首，不可疾，贞。”这也是下互卦坎水生震木。另外其下卦为离火，离火泄震木，正因为如此，所以才有“不可疾，贞”的断语。再如：《师》（䷆）的互体就是“复体结构（䷗）”。作为“复体结构”主爻的《师》九二爻辞是：“在师中，吉，无咎。王三锡命。”这仍然是下卦坎水生震木。

如果其卦中没有坎卦，那么就应该注意震卦做事容易取胜的时令——水旺之时。

例如：《益》（䷩）下四爻的连互体就是“复体结构（䷗）”。作为此“复体结构”主爻的《益》初九的爻辞是：“利用为大作，元吉，无咎。”

再如：《颐》（䷚）下四爻的连互体还是“复体结构（䷗）”。作为此“复体结构”主爻的《颐》初九的爻辞是：“舍尔灵龟，观我朵颐，凶。”

当“复体结构（䷗）”处在十二消息卦中的时候，应按十二消息卦规律来判断吉凶，而不受“勿动结构（䷒）”的制约。

如：《复》（䷗）初九有“元吉”之辞；《临》（䷒）九二有“吉，无不利”之语；《泰》（䷊）九三有“于食有福”之断。

当然若是有“勿动结构（䷒）”的“复体结构（䷗）”而又不是十二消息卦时，其动就不吉了。

如：《升》（䷭）上四爻的连互体为“复体结构（䷗）”而《升》的互

体是“勿动结构（）”，且《升》又不是十二消息卦，所以，作为“复体结构”主爻的《升》九二的爻辞是“升虚邑”。

再如：《损》（䷨）的互体就是“复体结构（）”，而《损》的下四爻的连互体正是“勿动结构（）”，正是因为有“勿动结构（）”的存在，作为“复体结构（）”主爻的《损》九二爻辞有“征凶”之告诫。

在“易卦”的运用上，“复体结构”往往多表示为“主从”关系，即：震卦为“主动”，坤卦为“从动”。请注意：“从动”不是“被动”。

由此可见，虽然其结构源于《周易》，但在实践中，一定要灵活变通。

七、官非结构（）

所谓“官非结构（）”，是指在一个四爻连互体中，如果其中上面相连的三个爻组成兑卦，下面相连的三个爻组成乾卦，那么，这个上兑下乾的四爻连互体就是“官非结构（）”。

有“官非结构（）”的卦，往往容易发生“口舌”之争或“官非”矛盾。所谓“对簿公堂”皆因其“官非结构”。

为什么称为“官非结构（）”呢？因为在这个四爻连互体中，其乾卦为君为官为父为首为官府，其兑卦为口为舌为言为毁折，其兑卦的阴爻“乘”其在下的乾体，则有“与乾之官或官府发生口舌是非”之象。从势力上看：一阴“乘”众阳，多有凶灾，所以称之为“官非结构（）”。

“官非结构（）”的主爻是其兑卦的阴爻。

“官非结构（）”的互卦就是《夬》（䷪），而《夬》的上六爻辞是：“无号，终有凶。”

再如：《大过》（䷛）的上面四爻就是“官非结构（）”，而作为“官非结构”主爻的《大过》上六爻的爻辞为“过涉灭顶，凶，无咎”。《大过》上六爻之所以有“灭顶”之“凶”，原因之一就是因为其爻是“官非结构”的主爻。

再如：《革》（䷰）上面四爻组成“官非结构（）”，而此上六爻正是“官非结构”的主爻。而《革》上六爻辞是：“君子豹变，小人革面。征凶。居贞吉。”

再如：《大壮》（䷡）的互体也是“官非结构（）”，而《大壮》六五爻正是“官非结构”的主爻，其爻辞则有“丧羊于易”之凶。

再如：《大畜》（䷙）下面的四爻连互体也是“官非结构（）”，而《大畜》的六四爻则是“官非结构”的主爻，其爻辞则是：“童牛之牿，元吉”，这“牿”字就是动物的桎梏。

从以上卦爻辞我们可以看出：“官非结构（）”也未必皆凶。如以阴柔处之，反而有吉的兆应。如：《恒》六五爻的“妇人吉”，《大畜》六四爻的“童牛之牿，元吉”等。当然如果其阴以高“乘”刚，则必凶多吉少。如：《恒》六五爻的“夫子凶”，《大过》上六的“灭顶”之灾。最能说明“官非结构（）”意义的莫过于《革》（䷰）的上六爻辞。《革》上六的爻辞是：“君子豹变，小人革面。征凶，居贞吉。”

在解卦中使用“官非结构（）”时，请注意“官非结构（）”与其他结构的结合使用。如：《需》六四爻、《大有》六五爻、《鼎》六五爻等，这都是“官非结构（）”与“血刃结构（）”的混合使用。如：《小畜》就是“官非结构（）”与“血刃结构（）”“反目结构（）”的混合使用。

八、艳遇结构（）

所谓“艳遇结构（）”，是指在一个四爻连互体中，如果其中上面相连的三个爻组成乾卦，下面相连的三个爻组成巽卦，那么这个上乾下巽的四爻连互体就是“艳遇结构（）”。

为什么称其为“艳遇结构”呢？

因为上乾下巽的四爻连互体的“互卦”是《姤》（䷫）。《姤》卦的卦辞是：“女壮，勿用取女。”《彖》对此解释说：“‘姤’，遇也，柔遇刚也。‘勿用取女’，不可与长也。”又因为《姤》的成卦之主是初六爻，而《姤》初六的爻辞则有“贞吉。有攸往，见凶”之语。这说明在这种场态下，阴阳、刚柔、男女相遇，阴“承”阳、柔“承”刚、女“承”男；阳“据”

阴、刚“据”柔、男“据”女，而且“女壮”又有成熟的迹象，但却不可娶嫁，因为好景不长。如果执意硬要“往”而娶嫁，其“凶”可“见”。可见这种男女阴阳相遇相互“据”“承”是暂时的。所以我们称其为“艳遇结构（☴）”。

“艳遇结构（☴）”的主爻是其巽卦的阴爻。

《否》（䷋）的上面四爻连互体就是“艳遇结构（☴）”，而作为“艳遇结构（☴）”主爻《否》的六三爻的爻辞是“包羞”。《否》六三爻之所以有“羞”，其原因之一就是其爻是“艳遇结构”的主爻。

《遁》（䷠）九三爻辞中有“畜臣妾”一语。其象数依据是：九三阳爻“据”其卦“艳遇结构”的主爻六二之阴以及初六之阴。

《鼎》（䷱）的下面四爻连互体就是“艳遇结构（☴）”，而作为“艳遇结构”主爻《鼎》的初六爻的爻辞却有“得妾以其子”之语。

《咸》（䷞）的互体也是“艳遇结构”，而作为“艳遇结构”主爻《咸》的六二爻的爻辞却是“咸其腓，凶。居吉”。

《恒》（䷟）的下面四爻的连互体也是“艳遇结构（☴）”，而作为“艳遇结构”主爻的《恒》初爻的爻辞则是：“浚恒，贞凶，无攸利。”

《同人》（䷌）的互体就是“艳遇结构（☴）”，而作为“艳遇结构”主爻的《同人》六二爻的爻辞则是：“同人于宗，吝。”

《讼》（䷅）的上面四爻连互体就是“艳遇结构（☴）”，而作为“艳遇结构”主爻的《讼》六三爻的爻辞是：“或从王事，无成。”

《履》（䷉）的上面四爻连互体就是“艳遇结构（☴）”，而作为“艳遇结构”主爻的《履》六三爻却有“履虎尾，咥人，凶”之语。

《遁》（䷠）的互体就是“艳遇结构（☴）”，而作为“艳遇结构”主爻的《遁》六二爻则有“莫不胜说”之语。

《无妄》（䷘）的上面四爻连互体就是“艳遇结构（☴）”，而作为“艳遇结构”主爻的《无妄》六三爻的爻辞则是：“无妄之灾，或系之牛，行人得之，邑人之灾。”

在使用“艳遇结构（☴）”时，也请注意“艳遇结构”与其他结构的结合使用，如：《讼》就是“艳遇结构”与“未济结构”的混合使用。《履》就是“艳遇结构”与“反目结构”的混合使用。

最值得一提的是：不要一见“艳遇结构”就断为“不吉”或“凶”。如：《讼》六三爻就是《讼》上面四爻连互体“艳遇结构（䷫）”的主爻，而其爻辞是：“食旧德，贞厉，终吉。或从王事，无成。”可见，只要主观能动性发挥得好，最终还是有吉利的。

如：《大过》（䷛）初爻就是《大过》下面四爻连互体“艳遇结构（䷫）”的主爻，而其爻辞是：“籍用白茅，无咎。”

如：《咸》（䷞）六二爻就是《咸》互体“艳遇结构”的主爻，而其爻辞是：“咸其腓，凶。居吉。”

再如：《革》（䷰）六二爻就是《革》互体“艳遇结构”的主爻，而其爻辞是：“巳日乃革之，征吉，无咎。”

由此可见，如遇到“艳遇结构”，关键要看我们怎样对待，怎样处理，处理得好则可得吉，处理得不好，则有凶险。这在《易经》中也有其例。如：

> 《大过》（䷛）九二爻辞：“枯杨生稊，老夫得其女妻，无不利。”①

为什么《大过》九二有这样的爻辞呢？因为其爻变，变卦是《咸》（䷞），《咸》的互体是“艳遇结构（䷫）”，而这个“艳遇结构”的主爻正是《大过》九二爻作为“变爻”时的变化结果。其“艳遇结构（䷫）”中的乾卦即为“老夫”，其中的巽卦即为“女妻”。

九、情欲结构（䷺）

所谓“情欲结构（䷺）”，是指在一个“五爻连互体”中，如果其中上面相连的三个爻组成巽卦（☴），中间三个爻组成离卦（☲），下面相连的三个爻组成坎卦（☵），那么这个上巽（☴）中离（☲）下坎（☵）的“五爻连互体”就是“情欲结构（䷺）”。

① （清）李光地：《周易折中》，巴蜀书社 2006 年版，第 154 页。

"情欲结构"，源于《家人》九三爻的爻辞：

家人嗃嗃，悔厉，吉；妇子嘻嘻，终吝。①

这"嗃嗃"之声与"嘻嘻"之声皆源于其上卦之巽，巽为风为声。这巽又为长女为股，这"巽下断"的"股"之"开合（巽为进退）"与上互卦"离中虚"再加下互卦的"坎水"表达了巽女对性的要求。而下互卦之坎水中的阳爻则有"爱水"中"中男之男根"之象，此男根处在开合的巽股之内（内卦），而巽与坎之间的离卦又有"热烈、火热、激情"之象。正是这些因素才导致坎男的"嗃嗃"与巽女的"嘻嘻"。

从"当位"的角度看：巽女的主爻是六四之阴——阴居阴位而当位；坎男的主爻是九三之阳——阳居阳位而当位。可见应属正常夫妻情爱之现象。

但从巽女主爻六四之阴"乘"坎男主爻九三之阳的角度看，则有"伤男"之象，这就是"嗃嗃"之"悔"的由来依据。而"嗃嗃"之"厉"则来自三与六的"敌应"，以及九五——《家人》主卦之主的"斥责"（巽风）。因九五的斥责是为九三身体着想，所以对九三而言则有"吉"之象——这就是"家人嗃嗃，悔厉，吉"之象。

但爻辞"妇子嘻嘻，终吝"，似乎对巽女有不公平之嫌。但毕竟巽女"乘"九三有"凌驾夫君"之嫌而受"非议"，"终"得其"吝"。所以《象》解释说：

"家人嗃嗃，未失也；"妇子嘻嘻"，失家节也。②

例如：《三十六计》的"美人计"就是利用了"情欲结构"中的"女乘男"而达到目的的。

① （清）李光地：《周易折中》，巴蜀书社2006年版，第195页。

② 同上书，第480页。

十、家室结构（☶☷）

所谓“家室结构（☶☷）”，是指在一个四爻连互体中，如果其中上面三个爻组成艮卦，下面三个爻组成坤卦，那么这个上艮下坤的四爻连互体就是“家室结构（☶☷）”。

为什么叫“家室结构”呢？因为坤有“土地、家、邦国、国家”之象，艮有“门、墙、屋”之象，组合在一起就是“家室”之象，所以称为“家室结构”。例如《蒙》（䷃）九二的爻辞是：

包蒙，吉。纳妇吉，子克家。（蒙䷃剥䷖）

从《蒙》的卦象上看：九二是下互卦震动之主，动而“应”六五之阴，则有阴阳“得中而应”的“纳娶”之象。震体主爻九二所“应”的六五处在上互卦坤体中，坤为妇，所以有“纳妇”之象；下互卦震动而上互卦坤顺，这就是“纳妇吉”之象。其下互卦为震为长男而有“子”之象，上互卦为坤为邑而处在上卦艮门之内，所以有“家”之象，震木出土破坤地而有“克”之象，合观之则有“子克家”之象。

因《蒙》的上四爻连互是“家室结构”，我们就知道“纳妇吉”就是把她娶回家，“子克家”的“家”就是家室之家。如：《师》（䷆）上六的爻辞是：

大君有命，开国承家，小人勿用。（师䷆蒙䷃）

上卦之坤为地为邦国，上六爻变，则有“开”之象，爻变后，其上卦为艮为坚硬的土地，合观之则有“开国”之象。变卦的上卦为艮为门，且处在上互卦坤（坤还为“承”）土之上，所以有“承家”之象。——这“开国承家”的“家”，也是因为其爻变，变卦之《蒙》的上四爻连互是“家室结构”。再如：《损》（䷨）上九的爻辞是：

弗损益之，无咎，贞吉。利有攸往，得臣无家。（损䷨临䷒）

其中的“无家”，是因为在《损》的六爻结构中，其上四爻连互是“家室结构”而有“家”之象。其爻变，在变卦《临》中，“家室结构”不见了，所以有“无家”之象。再如：《萃》（䷬）的卦辞是：

亨，王假有庙。利见大人，亨，利贞。用大牲。

其中的“有庙”的“庙”字，就是因为卦结构中有下四爻连互的“家室结构”。再如：《观》（䷓）六二的爻辞是：

闚观，利女贞。（观䷓涣䷺）

这“闚观”，就是在“家室”里从门缝朝外看。这是因为《观》的下四爻连互是“家室结构”，而六二就在“家室”之内。再如：《剥》（䷖）上九的爻辞是：

硕果不食，君子得舆，小人剥庐。（剥䷖坤䷁）

这爻辞中有“剥庐”二字，其中的“庐”，就是《剥》上四爻连互的“家室结构”，而其爻变，变卦为《坤》，在《坤》中，“家室结构”不见了，所以有“剥庐”之象。

由上可证：《易经》中确有“家室结构”，用“家室结构”解释《易经》中的文字来源——其象数依据，确实非常明确。

在运用“家室结构”时还要注意与“家室结构”相关联的“出家结构”（䷚）与“进家结构”（䷓）。

按《易经》规则：由内向外，即由下卦到上卦为“往”，由外向内，即由上卦到下卦为“来”。因为我们讲的是“家室结构”，这“往来”，就可谓“出进”了。所以我们将其称为“出家结构”（䷚）与“进家结构”

（）。

按《易经》所谓“动而往”，一般是指震卦（☳）。“伏入”，一般指巽卦（☴）。这“动而往”是由内而外，这“伏入”是由外而内，所以这两个结构就非常清楚了：

1. 出家结构（）

《节》九二：“不出门庭，凶。”（节䷻屯䷂）

其中“出门庭”，就是“出家结构（）”，即：《节》（䷻）九二爻变后，其变卦为《屯》（䷂），《屯》的下四爻连互就是“出家结构”。那为什么爻辞是“不出门庭”呢？这是因为在《节》中九二爻是下互卦震（☳）的主爻，也即“出门”行为的主体，而其震之动处在下四爻连互的“勿动结构”中，所以有“不出门庭”之象。

当然，《易经》是把艮（☶）作为“门”来处理的，即“艮为门”，所以凡提到“门”，皆和艮有关。例如：《随》初九的爻辞是：

官有渝，贞吉，出门交有功。（随䷐萃䷬）

其中“出”，震（☳）象；“门”，艮（☶）象。其变卦《萃》（䷬）的下四爻连互就是“家室结构”（）。再如：《节》初九的爻辞是：

不出户庭，无咎。（节䷻坎䷜）

其中的“户庭”是指“庭院”。“出”，震（☳）象；“门”，艮（☶）象。这也是因为在《节》中下四爻连互的“勿动结构”中，所以有“不出户庭”之象。

我们把上艮下震的四爻互体或连互体称为“出门结构”（）。再如：《益》（䷩）卦辞是：

利有攸往，利涉大川。

在《益》中，因有“出门结构”，才有“利往”“利涉”之语。

2. 进家结构（）

> 《益》（䷩）：“利有攸往，利涉大川。”

在《益》的结构中，上面的五个爻连互体，就是“进家结构”（）。在《益》中，既有“出家结构”（），又有“进家结构”（），这是“出入皆吉”之象。

在使用“出家结构”与“进家结构”时，还要注意：“出门结构”（）与“入门结构”（）的运用。

3. 出门结构（）

> 《节》初九：“不出户庭，无咎。”（节䷻坎䷜）

同上所证。

4. 入门结构（）

> 《遁》（䷠）九三：“系遁，有疾，厉。畜臣妾，吉。”（遁䷠否䷋）

这“畜臣妾，吉”，就是因为《遁》的下四爻连互是“入门结构（）”而变卦中的下五爻连互是“进家结构（）”，巽为长女为伏入，这是“巽女心甘情愿为（臣）妾”（对上卦乾而言，坤为妻，巽为妾）的“吉”之象。

我们研究《易》的象数结构，目的是为了更细腻地了解《易经》的内涵。例如：《中孚》（䷼）九二的爻辞是：

> 鸣鹤在阴，其子和之。我有好爵，吾与尔靡之。（中孚䷼益䷩）

译成白话：“鹤在树荫下鸣叫，小鹤应声而和；我有美酒，愿与你共享。”

利用象数结构，我们就知道是“邀人到家喝酒”。因为《中孚》的上四爻连互是“入门结构”，而变卦《益》（䷩）的上五爻连互是“进家结构”。

注意：“进家结构”和“出家结构”，指的是“出入家室”，而“出门结构”与“入门结构”，除了“出入家室”的意思以外，还包括“出入门派”的意思。

《易》解三十六计

《总说》

【原文】

六六三十六，数中有术，术中有数。阴阳燮理，机在其中。机不可设，设则不中。

【易解】

在《易经》中有一个原则："阳爻"用"九"来表示，"阴爻"则用"六"来表示。《孙子兵法》云："兵者，诡道也。"作为"不得已而为之"的兵法属于"阴谋策略"（用六之阴）之类，《周易·系辞》所谓"人谋鬼谋"。这从《周易》中看得非常清楚：

《周易·坤》（䷁）上六："龙战于野，其血玄黄。"①

《坤·上六·象》："'龙战于野'，其道穷也。"②

当然，《易经》也给了我们"用六"的原则："用六：利永贞。"

这明确告诉我们：虽然是"不得已而为之"的"人谋鬼谋"之"诡道"，"天意"还是在偏袒（"利"）着那些"始终"（永）坚持遵循天道而贞正（"贞"）的人。

---

① （清）李光地：《周易折中》，巴蜀书社2006年版，第39页。

② 同上书，第413页。

可见“三十六计”是《易经》中“阴道”被逼急（“其道穷”）“不得已而为之”的战术策略。

《易经》是古人“筮策”的占卜辞的汇编，是以“天地人三才”之道的“术数”原理为内在逻辑框架的。所以，所谓“六六三十六”，就是指《坤》卦（䷁）六个阴爻周而复始循环变化的内在机制，旨在说明“诡道”之“阴谋策略”的“术数”内在规则。

“数中有术，术中有数”，就是讲“术数的统一性”，如同哲学上所讲的“质与量”的统一。告诫后人不要随意取舍“术与数”而想当然地运用这些计谋。

“阴阳燮理，机在其中”，是说这阴阳和谐而有规律的变化含有妙不可言的玄机。

“机不可设，设则不中”，玄机的妙用，并非是凭着想象就可以“设计运用”的，凭着想象来“设计运用”往往是不会“命中”的。

第一计《瞒天过海》

【原文】

备周则意怠，常见则不疑。阴在阳之内，不在阳之对。太阳，太阴。

【易解】（䷓之䷠）

此计所使用的《周易》提示语是“太阳”“太阴”。要想搞明白《三十六计》作者对此计的暗示，就要先搞明白《周易》对“少阴”“少阳”“太阴”“太阳”这些概念的定义。

> 《周易·系辞》曰：“阳卦多阴，阴卦多阳。”①

这就是有关“八卦阴阳属性”的原则。

《周易》把“—”定为“阳爻”，把“--”定为阴爻。乾（☰）为纯阳之卦，所以为阳卦；坤（☷）为纯阴之卦，所以为阴卦，这比较容易理解，那么八卦其他六卦的阴阳属性就是按“阳卦多阴，阴卦多阳”的原则来决定的，如：震（☳）、坎（☵）、艮（☶），这三卦都是一阳二阴，阴多于阳，所以定为“阳卦”；巽（☴）、离（☲）、兑（☱），这三卦都是一阴二阳，阳多于阴，所以定为“阴卦”。

① （清）李光地：《周易折中》，巴蜀书社 2006 年版，第 596 页。

《周易·说卦》曰："乾，天也，故称乎父。坤，地也，故称乎母。震一索而得男，故谓之长男。巽一索而得女，故谓之长女。坎再索而得男，故谓之中男。离再索而得女，故谓之中女。艮三索而得男，故谓之少男。兑三索而得女，故谓之少女。"①

《周易》把"男"定为"阳"，把"女"定为"阴"。所以可得："兑为少阴，离为中阴，巽为长阴，坤为太阴；艮为少阳，坎为中阳，震为长阳，乾为太阳。"

所以此计原文中的"太阴"就是"坤"（☷），"太阳"就是"乾"（☰）。

通过排列组合可得两个卦，即《否》（䷋）与《泰》（䷊）。

但从此计原文所说的"阴在阳之内，不在阳之对"之语来看，应该是《否》（䷋）卦。从《易》原理上看：上卦为"外"，下卦为"内"。《否》的上卦为乾（☰），这就是"阳在外"之象；其《坤》（☷）之阴处在下卦的位置上，这就是"阴在内"之象，合观之则有"阴在阳之内（不在阳之对）"之象。

《否》（䷋）上卦为乾（☰），乾为天，下卦为坤（☷），坤为地，为厚德载物的包容，因而有"瞒天"之象。这个"瞒天"，有"包容、相生"的性质，所以有"善意"之象。既然是"瞒天"，则必有与"天"相对立的象数结构。根据《周易》规则：九五之尊的爻位为"天位"，所以只有在六二变为阳爻后，才构成"二五敌应"结构，所以二爻必为"变爻"无疑。《否》（䷋）的二爻变，其变卦为《讼》（䷅）。《讼》（䷅）的下卦为坎（☵），坎为水，为川，为疑，所以有"海"之象；《讼》的卦辞有"不利涉（过）大川"之语，正因为暗含"不利过大海"的因素，所以就采用本卦的下卦之"坤"来"瞒天"（坤土既有"过海之功"，又有"瞒天之效"），合观之则有"瞒天过海"之象。

可见，《瞒天过海》之计是在遇到"《否》变《讼》"的情况下使用的计策。这也是《三十六计·总说》所提示的"机不可设，设则不中"之

① （清）李光地：《周易折中》，巴蜀书社2006年版，第662页。

“玄机”所在。

再分析原文：

《否》(䷋)的上卦为乾，乾为天，从《周易》“天圆地方”思想上看，乾为天为圆而有“周”之象；其下卦为坤，坤为地为方而有“怠”之象。

原文中的“疑”字是取其变卦之坎，《周易·说卦》曰“坎为水，为沟渎，为隐伏，为矫輮，为弓轮。其于人也，为加忧，为心病”，所以坎有“疑”之象。但在本卦的《否》(䷋)中上互卦之巽(☴)“多白眼”①，其在下视之“见”中，却没有“坎之疑”，这就是“见不疑”之象。巽为木为风为进退不定的“无常”被上卦的乾金所制约，所以有“常”之象。这就是“常见不疑”的由来。

“阴在阳之内，不在阳之对”之语。一是“太阳，太阴”一语的位置暗示；二是阳奉阴违、兵不厌诈的诡异兵法。

下面简述《否》卦有关六爻变化所暗示的重要事项。

一、《否》初爻变，其变卦为《无妄》(䷘)。

> 《无妄》：“元亨，利贞。其匪正有眚，不利有攸往。”②
>
> 《无妄·彖》曰：“‘无妄’，刚自外来而为主于内。动而健，刚中而应，大‘亨’以正，天之命也。‘其匪正有眚，不利有攸往’，‘无妄’之往，何之矣？天命不祐，行矣哉？”③
>
> 《无妄·象》曰：“天下雷行，物与，无妄。先王以茂对时育万物。”④

《无妄·彖》曰：“无妄，刚自外来而为主于内。”它告诫运用者要注意避免来自外界的突发事件对相关事宜的运作的干扰。

《无妄》的卦辞“其匪正有眚，不利有攸往”说得很明确：此计应该是为正义之战而设，如果不是，恐怕要出问题（“其匪正有眚”），最好不

① 《周易·说卦》云：“巽为风……为多白眼。”

② (清)李光地：《周易折中》，巴蜀书社2006年版，第138页。

③ 同上书，第359页。

④ 同上书，第456页。

去做。

二、《否》二爻变，其变卦为《讼》(䷅)。

《讼》："有孚，窒惕，中吉，终凶。利见大人，不利涉大川。"①

《讼·彖》曰："讼，上刚下险，险而健，讼。'讼，有孚，窒惕，中吉'，刚来而得中也，'终凶'，讼不可成也。'利见大人'，尚中正也。'不利涉大川'，入于渊也。"②

《讼·象》曰："天与水违行，讼。君子以作事谋始。"③

《讼·象》有"作事谋始"警示，这在提示我们注意"险而健"成"讼"的隐患。

《讼》的"中吉，终凶"之辞，则告诫我们做好收尾工作；其"利见大人"一语，则告诫我们：有"见""大人"之"利"。

三、《否》三爻变，其变卦为《遁》(䷠)。

《遁》："亨，小利贞。"④

《遁·彖》曰："'遁：亨'，遁而亨也。刚当位而应，与时行也。'小利贞'，浸而长也。《遁》之时义，大矣哉！"⑤

《遁·象》曰："天下有山，遁。君子以远小人，不恶而严。"⑥

《遁·象》"远小人，不恶而严"的告诫，则在强调执行计划时应严守机密。

四、《否》四爻变，其变卦为《观》(䷓)。

---

① (清)李光地：《周易折中》，巴蜀书社2006年版，第54页。

② 同上书，第337页。

③ 同上书，第420页。

④ 同上书，第177页。

⑤ 同上书，第369页。

⑥ 同上书，第472页。

《观》："盥而不荐，有孚，颙若。"①

《观·彖》曰："大观在上，顺而巽，中正以观天下。'观，盥而不荐，有孚，颙若'，下观而化也。观天之神道，而四时不忒；圣人以神设教，而天下服矣。"②

《观·象》曰："风行地上，观。先王以省方观民设教。"③

《观·彖》有"中正以观天下"的告诫，提示注意"观察判断"的正确性。

五、《否》五爻变，其变卦为《晋》(䷢)。

《晋》："康侯用锡马蕃庶，昼日三接。"④

《晋·彖》曰："'晋'，进也。明出地上，顺而丽乎大明，柔进而上行，是以'康侯用锡马蕃庶，昼日三接'也。"⑤

《晋·象》曰："明出地上，晋。君子以自昭明德。"⑥

《晋·彖》"柔进而上行"提示注意策略的灵活性。

六、《否》上爻变，其变卦为《萃》(䷬)。

《萃》："亨，王假有庙。利见大人，亨，利贞。用大牲，吉，利有攸往。"⑦

《萃·彖》曰："'萃'，聚也。顺以说，刚中而应，故聚也。'王假有庙'，致孝享也。'利见大人，亨'，聚以正也。'用大牲，吉，利有攸往'，顺天命也。观其所聚，而天地万物之情可见矣。"⑧

---

① （清）李光地：《周易折中》，巴蜀书社2006年版，第117页。
② 同上书，第352页。
③ 同上书，第446页。
④ 同上书，第186页。
⑤ 同上书，第371页。
⑥ 同上书，第476页。
⑦ 同上书，第234页。
⑧ 同上书，第383页。

《萃·象》曰：“泽上于地，萃。君子以除戎器，戒不虞。”①

《萃·象》“顺以说”，提示注意“顺以诱导说服”的策略。

错卦的暗示：

《否》(䷋) 的错卦为《泰》(䷊)，所以有“否极泰来”的暗示。

① （清）李光地：《周易折中》，巴蜀书社 2006 年版，第 495 页。

第二计《围魏救赵》

【原文】

共敌不如分敌，敌阳不如敌阴。

【易解】（䷧）

《三十六计》中只有《围魏救赵》在其原文中没有说明，在遇到什么卦的时候加以运用。

运用“三十六计”的原则是：在“庙算”的决策时，当筮遇到某卦，则依据客观情况，参照此卦的象数结构所显示的“计策”来实施行为，而谨防自以为是地“认为”与“假设”。

由于（迄今为止）我们手头没有《围魏救赵》“实战”的“卦例分析”，所以只能依据《三十六计》作者对其他三十五计的“易学解析”思路，来分析此计所暗藏的“易卦象数依据”。

从《围魏救赵》的计名我们可以设想：“魏”“赵”两字必在六爻卦的卦象之中，所以就要对“魏”“赵”二字进行象数解剖：“魏”为“鬼”字旁，“赵”为“走”字旁，我们已知：“鬼”为“坎”之象，“走”为“震足”之象，由此可定此卦是由“坎”“震”两卦构成。这两卦的组合可以组成两个卦，即：上坎下震的《屯》（䷂）以及上震下坎的《解》（䷧）。

从原文的“共敌不如分敌”之语可知，能够“分离”“坎魏”“震赵”的组合才是此计的卦象基础。从《屯》与《解》的结构看，《屯》（䷂）有下互卦坤（☷）（旷野）之分，《解》（䷧）有离火（☲）之隔。从原文的

"敌阳不如敌阴"来看：魏为坎，为中男，为阳，而赵为震，为长男，也为阳。从"上阳下阴"的角度来看："敌阳不如敌阴"的"敌阴"之"阴"，则应该是此计所"围"的对象，而"敌阳"之"阳"就是所"救"的对象。从"围魏救赵"一词可判断：所"围"之"魏"的坎卦就是"下卦"；所"救"之"赵"的震卦就是"上卦"，推演至此就可以断定："围魏救赵"之计的卦象就是上震下坎的《解》(䷧)无疑。

这样，从《解》的象数结构来分析《围魏救赵》的计名与原文，一切就迎刃而解了：

《解》(䷧)的上卦为震(☳)，震为足为动，而有以"走"为偏旁的"赵"之象；其下卦为坎(☵)，坎为盗贼为鬼，所以有以"鬼"为偏旁的"魏"之象。在这上卦"震赵"处在下卦坎魏分兵的上互卦坎险（魏兵）之中，下互卦之离(☲)，离之"戈兵"以旺势"蒸发"上下两魏水之险——围困下卦坎水之魏，以解"震赵"所处的上互卦魏兵"兵临城下"之坎。这就是卦名"围魏救赵"的象数依据。

《解》(䷧)的下互卦之离(☲)，分隔了上互卦与下卦两敌，所以此离是原文"共敌不如分敌"的重点；这个下互卦的"离之戈兵"于下卦坎魏之上，有围困坎魏（上为外，下为内）的"敌阴"之象，所以又是原文"敌阳不如敌阴"的重点。可见，这个离(☲)，就是此计的要点。

下面简述《解》卦有关六爻变化所暗示的重要事项。

一、《解》初爻变，变卦为《归妹》(䷵)。

> 《归妹》："征凶，无攸利。"①
>
> 《归妹·彖》曰："'归妹'，天地之大义也。天地不交，而万物不兴。'归妹'，人之终始也。说以动，所归妹也。'征凶'，位不当也。'无攸利'，柔乘刚也。"②
>
> 《归妹·象》曰："泽上有雷，归妹。君子以永终知敝。"③

---

① （清）李光地：《周易折中》，巴蜀书社2006年版，第378页。

② 同上书，第393页。

③ 同上书，第511页。

《归妹·彖》"说以动"，明示以"美妙"的语言掩盖行为真相。

二、《解》二爻变，变卦为《豫》(䷏)。

《豫》："利建侯行师。"①

《豫·彖》曰："《豫》，刚应而志行，顺以动，豫。《豫》顺以动，故天地如之，而况"建侯行师"乎。天地以顺动，故日月不过，而四时不忒，圣人以顺动，则刑罚清而民服。《豫》之时义，大矣哉！"②

《豫·象》曰："雷出地奋，豫。先王以作乐崇德，殷荐之上帝，以配祖考。"③

《豫·彖》有"顺以动"的明示。

三、《解》三爻变，变卦为《恒》(䷟)。

《恒》："亨。无咎。利贞。利有攸往。"④

《恒·彖》曰："'恒'，久也。刚上而柔下，雷风相与。巽而动，刚柔皆应，《恒》。'恒：亨。无咎。利贞'，久于其道也。天地之道，恒久而不已也。'利有攸往'，终则有始也。日月得天而能久照，四时变化而能久成，圣人久于其道而天下化成。观其所恒，而天地万物之情可见矣！"⑤

《恒·象》曰："雷风，恒。君子以立不易方。"⑥

《恒·彖》有"巽而动"的明示。《恒》有"恒久"的明示。

四、《解》四爻变，变卦为《师》(䷆)。

---

① (清) 李光地：《周易折中》，巴蜀书社2006年版，第100页。

② 同上书，第374页。

③ 同上书，第439页。

④ 同上书，第173页。

⑤ 同上书，第367页。

⑥ 同上书，第470页。

《师》："贞，大人吉，无咎。"①

《师·彖》曰："'师'，众也。'贞'，正也。能以众正，可以王矣。刚中而应，行险而顺，以此毒天下而民从之，吉，又何咎也。"②

《师·象》曰："地中有水，师。君子以容民畜众。"③

《师·彖》"刚中而应，行险而顺"，提示勇敢而谨慎地应对事物的变化。

五、《解》五爻变，变卦为《困》(䷮)。

《困》："亨。贞，大人吉，无咎。有言不信。"④

《困·彖》曰："'困'，刚揜也。险以说，困而不失其所，'亨'。其唯君子乎？'贞，大人吉'，以刚中也。'有言不信'，尚口乃穷也。"⑤

《困·象》曰："泽无水，困。君子以致命遂志。"⑥

《困·彖》"险以说，困而不失其所"，提示在"困"于"惊险"时而能笑颜以对。

六、《解》上爻变，变卦为《未济》(䷿)。

《未济》："亨，小狐汔济，濡其尾，无攸利。"⑦

《未济·彖》曰："'未济，亨'，柔得中也。'小狐汔济'，未出中也。'濡其尾，无攸利'，不续终也。虽不当位，刚柔应也。"⑧

---

① （清）李光地：《周易折中》，巴蜀书社2006年版，第58页。

② 同上书，第338页。

③ 同上书，第422页。

④ 同上书，第243页。

⑤ 同上书，第385页。

⑥ 同上书，第498页。

⑦ 同上书，第321页。

⑧ 同上书，第406页。

《未济·象》曰："火在水上，未济。君子以慎辨物居方。"①

《未济·象》"慎辨物居方"，告诫对方位、方向要慎重地选择。《未济》"卦时"的"水火不容"，提示对方不会轻易上当，而应注意技巧。

错卦的暗示：

《解》（䷧）的错卦为《家人》（䷤），《家人》卦辞的"利女贞"提示要防止"家人"（内部）走漏风声或内部泄密。

① （清）李光地：《周易折中》，巴蜀书社2006年版，第530页。

第三计《借刀杀人》

【原文】

敌已明，友未定，引友杀敌，不出自力，以《损》推演。

【易解】（☶☱）

《借刀杀人》是由《损》卦推演而来，所以就以《损》的象数结构来推演此计的原理。

《损》（☶☱）的下卦为兑（☱），兑为毁折为金，所以有“刀”之象；兑为口，兑的上爻为“口之牙”而有“刀刃”之象；其“刀刃”正处在六爻卦体的“人位”而有“人”之象，合观之则有“刀杀人”之象。《损》（☶☱）的上卦为艮（☶），艮为手，而有“持刀杀人”之象。因为这“艮（☶）手”处在上卦（外卦）而不是自己之手，且艮山之土“生养”兑金，所以有“借助”之象。合观之则有“借刀杀人”之象。

原文中有三个因素需要搞清楚，即“我、敌、友”，这就要分析《损》的结构，《损》（☶☱）是三阴三阳卦。

《易经》六十四卦，根据卦爻组合可分为三种类型：

1. 一阴五阳卦与一阳五阴卦。
2. 两阴四阳卦与两阳四阴卦。
3. 三阴三阳卦。

《易经》所有的三阴三阳卦皆由其“母卦”——《泰》（☷☰）《否》（☰☷）两卦而来，即《泰》《否》两卦中某一阴爻与某一阳爻进行“置换”

而来。

根据这一原则可知：《损》（䷨）是由《泰》（䷊）的九三阳爻与上六阴爻“置换”而来。

《易·损·象》曰：“《损》，损下益上，其道上行。”这就是说，《损》（䷨）是由《泰》（䷊）的九三“上行”去“补益”在《泰》（䷊）上六的位置上，而《泰》（䷊）的下卦之乾（☰）受损而变为兑（☱），上卦之坤（☷）受益而变为艮。变化后的上艮下兑结构就是《损》（䷨）的结构。

这样我们就可以分析原文中的“我、敌、友”了。

如果从《损》（䷨）由《泰》（䷊）“补益”而来的思路上看，相互有“利益”关系者为朋友，那么，《泰》（䷊）上卦坤土“生养”下卦乾金，这是“坤”对“乾”有益；在变化过程中“损下益上”则是“乾”对“坤”有益。这样，上卦与下卦就构成了“朋友关系”，当然，这还不能确定，哪是“我”，哪是“友”。

我们再分析“敌与友”。在《损》（䷨）中除上下卦以外还有上互卦之坤（☷）和下互卦之震（☳），上互卦之坤（☷）为地为土而与上卦艮山之土“比同”，而且“生养”下卦之兑金，可见上互卦之坤对“我与友”毫无敌意；下互卦之震（☳）为春为木，木克土而畏金，即震木克上卦艮土而畏惧下卦兑金。由此可见，《损》的下互卦震木是上卦艮土的“敌人”。这样以来，“我、敌、友”就清楚了。“我”——上卦之艮；“友”——下卦之兑；“敌”——下互卦之震。

《易经》认为，上为明（为明确），下为暗（为未定），而在《损》（䷨）中下互卦震木之“敌”在下卦兑金之“友”的上面，所以有“敌已明，友未定”之象。

从这“敌已明，友未定”的象数结构也可以分析找出《损》（䷨）的“友与敌”的结构关系。

那么，怎样才能“引友杀敌，不自出力”呢？

这首先要分析“我”与“敌”的矛盾所在：还在《泰》的“补益”行为的九三“上行”中，本来九三是上互卦震卦（震为雷为动）的主爻是上行的行为者，而《泰》的“亨通安泰”主要是因为“下乾卦之阳上升，上坤卦之阴下降”的“阴阳交而万物生”的“趋势”决定的，正是因为如此，上卦坤地交感而生下卦乾天。这上互卦之震（☳）正是阻碍天地交感的阻力，从“十二消息卦”的阴阳消长规律上看，上互卦震体主爻的九三有“阳长消阴”“吞噬”坤体的企图，只是在“地天交泰”的趋势决定了乾坤两卦坚定的合作关系后，上互卦震卦主爻九三的“敌意”未能实现，才反过来“补益”于坤体的上六爻。由于坤体来交感乾体的同时也“乘”上互卦震体主爻的九三，从而埋下了震卦对上卦的“敌意”。

再分析“友”与“敌”的内在矛盾：在《损》中，下卦兑体的主爻六三“应”上卦艮（我）卦主爻上九，“乘”下互卦震体主爻九二，这就造成震之敌对兑之友的不满而形成矛盾。兑（☱）为泽，是生养草木之地，在此卦中震木正处在兑泽之上受其润泽而生长。兑之秋金又有“毁折”之象，金秋肃杀草木就是“克”震木的自然条件——即“秋后算帐”。

再从“我”与“友”的关系上看：还在《泰》的“补益”行为时，上下两卦就构成了“友好关系”，在借以“报恩”的《损》之艮土“生”兑金的机会中，寻找兑金的“喜悦心理”（兑为喜悦），促使兑金“先喜悦，后毁折”地去“克制”震木，以消除震木“克”“我”艮土的力量。

这就是“引友杀敌，不自出力”的卦象结构。

下面简述《损》卦有关六爻变化所暗示的重要事项：

一、《损》初爻变，变卦为《蒙》(䷃)。

> 《蒙》：“亨。匪我求童蒙，童蒙求我。初筮告，再三渎，渎则不告。利贞。”①
>
> 《蒙·彖》曰：“蒙，山下有险，险而止，蒙。‘蒙亨’，以亨行时中也。‘匪我求童蒙，童蒙求我’，志应也。‘初筮告’，以刚中也。‘再三渎，渎则不告’，渎蒙也。蒙以养正，圣功也。”②
>
> 《蒙·象》曰：“山下出泉，蒙。君子以果行育德。”③

---

① （清）李光地：《周易折中》，巴蜀书社 2006 年版，第 45 页。

② 同上书，第 335 页。

③ 同上书，第 416 页。

《蒙·彖》有“险而止”的明示。

《蒙》卦辞的“匪我求童蒙，童蒙求我”，有“装糊涂”地等待对方开口（或行为），然后再顺势而为的操作启示。

《蒙》卦辞“初筮告，再三渎，渎则不告”，暗示通过反复刺激致使对方麻痹而后行为的策略等。

二、《损》二爻变，变卦为《颐》(䷚)。

> 《颐》:“贞吉。观颐，自求口实。”①
>
> 《颐·彖》曰:“‘颐：贞吉’，养正则吉也。‘观颐’，观其所养也。‘自求口实’，观其自养也。天地养万物，圣人养贤以及万民。《颐》之时，大矣哉!”②
>
> 《颐·象》曰:“山下有雷，颐。君子以慎言语，节饮食。”③

《颐·象》“慎言语”，警告一定要做好保密工作，特别要注意言语词句的泄露之事。

《颐》卦辞的“自求口实”，则有“亲自探实”的暗示。

三、《损》三爻变，变卦为《大畜》(䷙)。

> 《大畜》:“利贞，不家食，吉。利涉大川。”④
>
> 《大畜·彖》曰:“‘大畜’，刚健笃实辉光，日新其德。刚上而尚贤，能止健，大正也。‘不家食，吉’，养贤也。‘利涉大川’，应乎天也。”⑤
>
> 《大畜·象》曰:“天在山中，大畜。君子以多识前言往行，以畜其德。”⑥

---

① （清）李光地：《周易折中》，巴蜀书社2006年版，第147页。

② 同上书，第361页。

③ 同上书，第460页。

④ 同上书，第143页。

⑤ 同上书，第360页。

⑥ 同上书，第458页。

《大畜·象》有“止健”的警告——不可逞能。

四、《损》四爻变，变卦为《睽》(䷥)。

《睽》：“小事吉。”①

《睽·彖》曰：“‘睽’，火动而上，泽动而下；二女同居，其志不同行。说而丽乎明，柔进而上行，得中而应乎刚，是以‘小事吉’。天地睽而其事同也，男女睽而其志通也，万物睽而其事类也。《睽》之时，用大矣哉！”②

《睽·象》曰：“上火下泽，睽。君子以同而异。”③

《睽·彖》的“柔进”之语，告诉我们也可试探性地进行“佯攻”。“二女同居，其志不同行”，提示要平和地解决内在矛盾：1. 注意内部矛盾的激化；2. 防范敌方利用我方“内部矛盾”制造麻烦。

《睽》“小事吉”，提示要想取得大的胜利，就要把“小事之吉”给与对方，让对方尝到“甜头”。

五、《损》五爻变，变卦为《中孚》(䷼)。

《中孚》：“豚鱼，吉。利涉大川。利贞。”④

《中孚·彖》曰：“‘中孚’，柔在内而刚得中，说而巽，孚乃化邦也。‘豚鱼，吉’，信及豚鱼也。‘利涉大川’，乘木舟虚也。‘中孚’以‘利贞’，乃应乎天也。”⑤

《中孚·象》曰：“泽上有风，中孚。君子以议狱缓死。”⑥

---

① （清）李光地：《周易折中》，巴蜀书社2006年版，第198页。

② 同上书，第374页。

③ 同上书，第481页。

④ 同上书，第306页。

⑤ 同上书，第401页。

⑥ 同上书，第525页。

《中孚·象》“柔在内而刚得中”，告诫在语言上要温和而中肯。

六、《损》上爻变，变卦为《临》(䷒)。

《临》：“元亨，利贞。至于八月有凶。”①

《临·彖》曰：“《临》，刚浸而长。说而顺，刚中而应，大亨以正，天之道也。‘至于八月有凶’，消不久也。”②

《临·象》曰：“泽上有地，临。君子以教思无穷，容保民无疆。”③

《临》卦辞有“至于八月有凶”的告诫（按十二消息卦推演即可得此结论）。

《临·象》所谓“教思无穷，容保民无疆”，有“保本为要”的暗示。

错卦的暗示：

《损》(䷨) 的错卦为《咸》(䷞)。

《咸·彖》有“柔上而刚下”之语，这提示我们注意使用“外刚内柔”的策略等。

① （清）李光地：《周易折中》，巴蜀书社 2006 年版，第 114 页。

② 同上书，第 351 页。

③ 同上书，第 444 页。

第四计《以逸待劳》

【原文】

困敌之势，不以战，损刚益柔。

【易解】（☶☱）

《以逸待劳》所使用的《周易》提示语是“损刚益柔”，出自《周易·损·彖》：

损刚益柔有时，损益盈虚，与时偕行。①

这样我们就可以用《损》的象数结构来分析此计原理。

《损》（☶☱）属于“三阴三阳卦”——由三个阴爻和三个阳爻所组成的卦。“三阴三阳卦”中有个“阴阳升降”的规律，也就是说在分析“三阴三阳卦”时，首先要确定此卦是由“三阴三阳卦母体”——《否》（☰☷）与《泰》（☷☰）——的何卦而来，再找出“阴阳升降”所涉及到的两个爻，然后分析这两爻的变化关系。

就《损》（☶☱）而言：《损》（☶☱）是由《泰》（☷☰）而来——《泰》第三爻上升到上爻的位置上而形成《损》（☶☱），这就是《损·彖》所谓“‘损’，损下益上”之意。其中所谓的“损下”之“下”，就是指下卦之乾

① （清）李光地：《周易折中》，巴蜀书社2006年版，第378页。

(☰)；这其中所谓的“益上”的“上”，就是指上卦之坤（☷），乾为阳为刚，坤为阴为柔。所以，《周易·损·彖》曰：“损刚益柔有时，损益盈虚，与时偕行。”

“损刚益柔”，说明处在柔、弱、阴方的主体在对方锐气十足的前提下，等待“月盈则亏，月亏则盈”的变化，等待时机以利制胜。

《损》（䷨）的上卦为艮（☶），艮为山，为止，而有“待”之象；其下卦为兑（☱），兑为口，为喜悦，为安逸，所以有“逸”之象；其下互卦为震（☳），震为雷，为足，为动，而有“劳”之象，合观之则有“以逸待劳”之象。

这就是《以逸待劳》名称的象数依据。

在此要特别说明的是：因为《泰》（䷊）是“十二消息卦”之一。按“十二消息卦”的规律，在《泰》之后的变化是“阳长阴消”，逼“坤（☷）”变“震（☳）”而威胁“坤体”。在对方认定这个“趋势”存在后，会出现新的躁动（下乾之上的震卦），而其躁动之震（☳）又正处在其兑（☱）的毁折之中，所以有“困敌于疲劳之中”之象。

在《损》（䷨）的“损益相互交变”态势中有明显的“强转弱，弱转强”的内在演化规律，就军事而言，也必有“锐敌转困敌”的变化，这也是“困敌之势”的依据。而《损》（䷨）的下互卦为震（☳），震为雷，为动，为战；其下卦为兑（☱），兑为泽，为毁折，合观之则有“毁其战”的“不以战”之象。这就是此计原文“困敌之势，不以战，损刚益柔”的象数依据。①

① 关于《损》卦六爻变化的重要事项，见《借刀杀人》一节。下文凡主卦相同的六爻变化，均省略不录。

第五计《趁火打劫》

【原文】

敌之害大，就势取利，刚决柔也。

【易解】（䷪）

此计所使用的《周易》提示语是“刚决柔也”，出自《周易·夬·彖》：

夬，决也。刚决柔也。①

《夬》（䷪）的上卦为兑（☱），下卦为乾（☰）。从卦形看是“一阴位于五阳之上”，就是“一阴乘五阳”。此一阴对其下面的五个阳爻都有一种“欺凌、制约”的关系。而此五阳对其“上六之阴”都有一种“夬决（决裂、冲击、劫杀）”意识。这就是计名“打劫”二字的象数依据。

《夬》“一阴乘五阳”而导致这五个阳爻都有“决、劫”的念头，除初爻的优柔寡断（初爻变，其下卦为巽（☴）为木为进退不定，畏惧“兑金克巽木”），其他阳爻都有“冒火”之气愤。二爻变，变卦的下卦为离（☲），离为火；三爻变，变卦的下互卦也为离（☲），离为火；四爻变，变卦的上互卦也为离（☲），离为火。而惟独五爻爻变没有“火”但处在

① （清）李光地：《周易折中》，巴蜀书社2006年版，第380页。

兑之“毁折”之中的九五爻，其爻变，其上卦为震（☳），震为雷为动，其毁折之动就是“打劫”之象。九五离上六最近，可在二三四爻“火”旺的时候最先而趁势得利，所以有“趁火打劫”之象。

《夬》“刚决柔”之柔的上六阴柔之爻“乘”群刚，而有“敌之害大”之象。《夬》属于《易经》十二消息卦之一，从十二消息卦变化规律看，“刚决柔”是趋势发展的必然。属于十二消息卦的《夬》之上六，正被这“阳长阴消”的必然发展趋势所消灭。而“趁火打劫”的九五又处在最近、最得力的爻位上，所以有“就势取利”之象。

《趁火打劫》之计的要点如下：

一、不要被初爻变的变卦之下卦的巽风所迷惑。巽为风，为风言风语，为谣传，巽风有进退不定的性质，所以有“他说进，你一旦进了，他可能就后退了”之象。

二、二爻变的“冒火”与三爻变的“冒火”都不是机会——火候未到。

三、四爻变后所发出的“冒火”就是“趁火打劫”的最佳机会——这就是所谓的“三味真火”！

四、有关时间的确定很重要。《夬》属于十二消息卦，而其时间则为“三月”（辰月）。《乾》为四月（巳月），也就是说，按自然规律，从三月到四月就是从《夬》变《乾》，也即《夬》的上六阴爻自然消失之时。所以，“趁火打劫”的最佳时间就确定在立夏前三十天之内的辰月，或辰年、辰日、辰时。

下面简述《夬》卦有关六爻变化所暗示的重要事项。

一、《夬》初爻变，变卦为《大过》（䷛）。

> 《大过》：“栋桡。利有攸往，亨。”①
>
> 《大过·彖》曰：“‘大过’，大者过也。‘栋桡’，本末弱也。刚过而中，巽而说，行，‘利有攸往’，乃‘亨’。《大过》之时，大

① （清）李光地：《周易折中》，巴蜀书社 2006 年版，第 152 页。

矣哉!"①

《大过·象》曰:"泽灭木,大过。君子以独立不惧,遁世无闷。"②

《大过·象》"独立不惧,遁世无闷",暗示要耐心等待最佳时机。

二、《夬》二爻变,变卦为《革》(䷰)。

《革》:"巳日乃孚,元亨。利贞。悔亡。"③

《革·彖》曰:"《革》,水火相息,二女同居,其志不相得,曰'革'。'巳日乃孚',革而信之。文明以说,大'亨'以正。革而当,其'悔'乃'亡'。天地革而四时成,汤武革命,顺乎天而应乎人。'革'之时,大矣哉!"④

《革·象》曰:"泽中有火,革。君子以治历明时。"⑤

注意《革·彖》所谓"二女同居,其志不相得"的内部矛盾。

三、《夬》三爻变,变卦为《兑》(䷹)。

《兑》:"亨,利贞。"⑥

《兑·彖》曰:"'兑',说也。刚中而柔外,说以'利贞',是以顺乎天而应乎人。说以先民,民忘其劳。说以犯难,民忘其死。说之大,民劝矣哉。"⑦

《兑·象》曰:"丽泽,兑。君子以朋友讲习。"⑧

---

① (清)李光地:《周易折中》,巴蜀书社2006年版,第362页。

② 同上书,第462页。

③ 同上书,第525页。

④ 同上书,第386页。

⑤ 同上书,第502页。

⑥ 同上书,第295页。

⑦ 同上书,第398页。

⑧ 同上书,第519页。

《兑·彖》“刚中而柔外”，告诫要以外在的柔和“自谦”“自贬”掩饰内心的大志目的。

四、《夬》四爻变，变卦为《需》(䷄)。

《需》：“有孚，光亨，贞吉。利涉大川。”①

《需·彖》曰：“需，须也，险在前也。刚健而不陷，其义不困穷矣。‘需：有孚，光亨，贞吉’，位乎天位，以正中也。‘利涉大川’，往有功也。”②

《需·象》曰：“云上于天，需。君子以饮食宴乐。”③

《需·彖》“险在前”，提示运用借他人之力以“平险”和以“正中”之法度过危险等策略。只要有备而往，则前景乐观，“往有功”也。

五、《夬》五爻变，变卦为《大壮》(䷡)。

《大壮》：“利贞”。④

《大壮·彖》曰：“‘大壮’，大者壮也。刚以动，故‘壮’。‘大壮：利贞’，大者正也。正大，而天地之情可见矣。”⑤

《大壮·象》曰：“雷在天上，大壮。君子以非礼弗履。”⑥

《大壮·彖》“刚以动”，暗示抓住时机果断行为。

六、《夬》上爻变，变卦为《乾》(䷀)。

《乾》：“元，亨；利，贞。”⑦

---

① (清) 李光地：《周易折中》，巴蜀书社 2006 年版，第 50 页。
② 同上书，第 336 页。
③ 同上书，第 418 页。
④ 同上书，第 181 页。
⑤ 同上书，第 370 页。
⑥ 同上书，第 24 页。
⑦ 同上书，第 24 页。

《乾·彖》曰："大哉'乾：元，'万物资始，乃统天。云行雨施，品物流形。大明终始，六位时成，时乘六龙以御天。乾道变化，各正性命。保合大和，乃'利，贞'。首出庶物，万国咸宁。"①

《乾·象》曰："天行健，君子以自强不息。"②

《乾·用九》："见群龙无首，吉。"③

《乾·用九·象》曰："'用九'，天德不可为首也。"④

《用九·象》"天德不可为首"之劝，暗含夬决上阳，阳极必伤的哲理。

错卦的暗示：

《夬》(䷪)的错卦为《剥》(䷖)。

《剥》卦辞有"不利有攸往"的告诫，《剥·象》有"厚下安宅"的暗示。另外，《剥》为十二消息卦，所以还应注意"十一月的变化"。

① （清）李光地：《周易折中》，巴蜀书社2006年版，第326页。

② 同上书，第408页。

③ 同上书，第31页。

④ 同上书，第410页。

第六计《声东击西》

【原文】

乱志乱萃不虞，坤下兑上之象。利其不自主而取之。

【易解】（䷬之䷐）

《声东击西》所使用的《周易》提示语是“乃乱乃萃，其志乱也”，出自《周易·萃》：

《周易·萃·初六》曰：“有孚不终，乃乱乃萃。若号，一握为笑。勿恤，往无咎。”①

《周易·萃·初六·象》曰：“乃乱乃萃，其志乱也。”②

《周易·萃·象》曰：“泽上于地，萃。君子以除戎器，戒不虞。”③

《声东击西》原文明确指出：“坤（☷）下兑（☱）上之象。”即《萃》（䷬）的上卦为兑，下卦为坤的卦象。

此计为什么要用《萃·初六》的象辞呢？根据《易》卦的占卜规则：变爻在哪一爻位上就使用哪一爻的爻辞判断并参考这一爻的象辞。而

---

① （清）李光地：《周易折中》，巴蜀书社 2006 年版，第 235 页。

② 同上书，第 495 页。

③ 同上书，第 495 页。

《萃》初爻变的完整卦象是"《萃》（䷬）之《随》（䷐）"，而这变卦之《随》（䷐）的下卦为震（☳），震为雷为声为东；上卦为兑（☱），兑为毁折为打击为西，这就构成了"声东击西"的象数依据。

《周易·萃·象》之所以告诫"戒不虞"，则说明此时的状态中有"不虞"的危情暗存。因为《萃》（䷬）状态的第一个发展变化就是初爻变其变卦为《随》（䷐），而有"意志不坚"的"随波逐流"之象。这也是原文所谓"不自主"的象数依据。

《杂卦》曰："萃，聚。"《萃·象》曰："'萃'，聚也，顺以悦，刚中而应，故聚也。"既然"萃聚"有"顺（坤）以悦（兑）"的"不虞"弱点，那就利用其而破敌，所以原文有"利其不自主而取之"之语。

破敌的步骤如下：

第一步（初爻变）：初爻变，变卦之《随》的下卦为震（☳）为雷为声为雷声，而有传播声音之象。这"传播之声"是在《随》之"随和"的前提下，所以才能不被"兑体"所克，但"传播之声"的震木却克散了"萃"之"聚"的基础——《萃》（䷬）的下卦坤（☷）土群体之"志"。所以《周易·萃·初六·象》有"乃乱乃萃，其志乱也"之语，而"声东击西"所云"乱志""乱萃"的象数依据也在此。

《声东击西》所云"乱志"，在第二步（二爻变）则显得特别清楚。《萃》（䷬）的二爻变，其下卦之坤（☷）则变为坎（☵），坎为水为志，而这是"乱萃、乱坤"的困惑——其爻变，则变卦为《困》（䷮）。

在《困》（䷮）中我们可以明显看到，对"兑"之西敌而言："生"（护）我之坤土构成的"萃"之"聚"演变成"泄"（劳神）我之坎水，构成"困"之"乱"。

此时对方已经显现出了"困惑"之"乱"，但还没到溃散的地步，所以还需要第三步演化。三爻变，《萃》（䷬）变为《咸》（䷞）。《咸》（䷞）有"取女吉"的卦辞，可见献美女，或联姻战略，或同盟和约，或通过"亲信"传递迷惑人的美言等，都应该是顺势的招数，而这些招数的目的意在巩固"声东"的效果。

第四步的四爻变，《萃》（䷬）变为《比》（䷇）。在变卦《比》（䷇）中，西敌兑（☱）金化为坎（☵）水，已经沉迷在"密切比和"的愉悦状态而战斗力大减。这《比》（䷇）的“倒卦”正是表示“兴师动众、作战”的《师》（䷆）。这就意味着“战斗即将开始”，正如《师》（䷆）卦辞所言“不宁方来”。

第五步的五爻变，《萃》（䷬）变为《豫》（䷏），正如其变卦《豫》卦辞所言：“豫，利建侯行师。”因为其变卦的上卦为震（☳）为雷为战。

而战斗的结果是第六步的上爻变：《萃》（䷬）变为《否》（䷋），“萃”变为“否”而其兑西之金被乾金所取代。值得一提的是，《萃》（䷬）变为《否》（䷋）中含有许多需要注意的事情：

《否》（䷋）是《易经》的十二消息卦之一，十二消息卦存在着一个“阳长阴消，阴长阳消”的规律，而《否》（䷋）正处在“阴长阳消”的发展过程中。

> 《周易·否》曰：“否之匪人，不利君子贞，大往小来。”①
>
> 《否·彖》曰：“‘否之匪人，不利君子贞，大往小来’，则是天地不交而万物不通也。上下不交而天下无邦也。内阴而外阳，内柔而外刚，内小人而外君子。小人道长，君子道消也。”②
>
> 《否·象》曰：“天地不交，否。君子以俭德辟难，不可荣以禄。”③

从经文对《否》卦的描述中得知，此时正处在“小人道长，君子道消”的环境中，而“俭德辟难，不可荣以禄”，就是《周易》向我们提供的最好的应对策略。

又因为《否》（䷋）的倒卦是《泰》（䷊），所以有“否极泰来”的倾向，“俭德辟难，不可荣以禄”，就是在等待“否极泰来”的到来。

下面简述《萃》卦六爻变化所暗示的注意事项。

一、《萃》初爻变，变卦为《随》（䷐）。

---

① （清）李光地：《周易折中》，巴蜀书社 2006 年版，第 83 页。

② 同上书，第 343 页。

③ 同上书，第 431 页。

《随》："元亨，利贞。无咎。"①

《随·彖》曰："《随》，刚来而下柔，动而说，《随》。大亨贞。无咎，而天下随时，随时之义大矣哉。"②

《随·象》曰："泽中有雷，随。君子以向晦入宴息。"③

提示"刚来而下柔"和牢记"随时应变"的灵活策略。

二、《萃》二爻变，变卦为《困》(䷮)。④

三、《萃》三爻变，变卦为《咸》(䷞)。

四、《萃》四爻变，变卦为《比》(䷇)。

《比》："吉。原筮，元永贞，无咎。不宁方来，后夫凶。"⑤

《比·彖》曰："'比'，'吉'也；'比'，辅也，下顺从也。'原筮，元永贞，无咎'，以刚中也。'不宁方来'，上下应也。'后夫凶'，其道穷也。"⑥

《比·象》曰："地上有水，比。先王以建万国，亲诸侯。"⑦

《比》卦辞有"不宁方来"之语，提示我们要注意防范"突发事件"或对方的"突然袭击"。

五、《萃》五爻变，变卦为《豫》(䷏)。

六、《萃》上爻变，变卦为《否》(䷋)。

《否》："否之匪人，不利君子贞，大往小来。"⑧

---

① (清)李光地：《周易折中》，巴蜀书社2006年版，第105页。

② 同上书，第348页。

③ 同上书，第441页。

④ 变卦为《困》卦的注意事项，见第二计《围魏救赵》。按：凡变卦及点评与前重复者，均只注明各爻变之卦名，不再另录《易经》原文，也不再作点评。下同。

⑤ (清)李光地：《周易折中》，巴蜀书社2006年版，第63页。

⑥ 同上书，第339页。

⑦ 同上书，第423页。

⑧ 同上书，第83页。

《否·象》曰：“‘否之匪人，不利君子贞，大往小来’，则是天地不交而万物不通也。上下不交而天下无邦也。内阴而外阳，内柔而外刚，内小人而外君子。小人道长，君子道消也。”①

《否·象》曰：“天地不交，否。君子以俭德辟难，不可荣以禄。”②

《否·象》警言“俭德辟难，不可荣以禄”。

《否》“内阴而外阳，内柔而外刚，内小人而外君子。小人道长，君子道消”——明示环境恶劣，不宜作为。

错卦的暗示：

《萃》（䷬）的错卦为《大畜》（䷙），《大畜》有“止健、尚贤、养贤”的明示。

① （清）李光地：《周易折中》，巴蜀书社2006年版，第343页。

② 同上书，第431页。

第七计《无中生有》

【原文】

诳也，非诳也，实其所诳也。少阴，太阴，太阳。

【易解】（䷊）

《无中生有》所使用的《周易》提示语是“少阴，太阴，太阳”。关于“少阴，少阳，太阴，太阳”这些概念，在《第一计〈瞒天过海〉》的讲解中已经作了介绍。此计原文中的“少阴”就是“兑”（☱），“太阴”就是“坤”（☷），“太阳”就是“乾”（☰）。

通过组合可知，《无中生有》所对应的易卦就是《泰》（䷊），上卦为坤（☷）——太阴；下卦为乾（☰）——太阳，“少阴”就是其下互卦的兑（☱）。

《泰》（䷊）有“和谐、通泰”的意思，所以有“平安无事”的“无”之象；其下互卦为兑（☱），兑为口，为口舌，为谣言，为诽谤，为毁折，所以有“无事生非”的“无中生有”之象。

其原文中的“诳”字的易学象数依据，就是《泰》（䷊）中的下互卦之“兑”（☱）。

我们再从《泰》（䷊）看“虚实”：乾（☰）为天，坤（☷）为地。乾天无形而为“虚”，坤地有形而为“实”。其下互卦之兑（口）处在乾之“虚体”，而朝向上卦之坤（☷）散布“流言蜚语”。其兑之口朝向坤之“实体”，而有“说假成真”“说虚成实”之象。这就是原文“诳也，非诳也，实其所诳也”的象数依据之一。

其象数依据之二，就是《泰》（䷊）是十二消息卦之一，而十二消息卦有个“阳长阴消、阴长阳消”的规律。而《泰》正处在随着“兑之诳”而“阳长”的状态中，所以有“诳也，非诳也，实其所诳也”的“实其阳长”之象。

下面简述《泰》卦有关六爻变化所暗示的重要事项。

一、《泰》初爻变，其变卦为《升》（䷭）。

> 《升》：“元亨。用见大人，勿恤。南征吉。”①
>
> 《升·彖》曰：“柔以时升，巽而顺，刚中而应，是以大‘亨’。‘用见大人，勿恤’，有庆也。‘南征吉’，志行也。”②
>
> 《升·象》曰：“地中生木，升。君子以顺德，积小以高大。”③

《升·彖》“柔以时升，巽而顺，刚中而应”，告诫此计的使用者注意：应随时随机地加重“柔和的筹码”，而且需要内应的配合。

值得注意的是卦辞“南征吉”，选择向有利的方位、方向突破。

二、《泰》二爻变，其变卦为《明夷》（䷣）。

> 《明夷》：“利艰贞。”④
>
> 《明夷·彖》曰：“明入地中，明夷。内文明而外柔顺，以蒙大难，文王以之。‘利艰贞’，晦其明也，内难而能正其志，箕子以之。”⑤
>
> 《明夷·象》曰：“明入地中，明夷。君子以莅众用晦而明。”⑥

---

① （清）李光地：《周易折中》，巴蜀书社 2006 年版，第 239 页。
② 同上书，第 384 页。
③ 同上书，第 497 页。
④ 同上书，第 190 页。
⑤ 同上书，第 372 页。
⑥ 同上书，第 478 页。

《明夷·象》有“蒙大难”“晦其明”的告诫以及“内难而能正其志”“内文明而外柔顺”的明示。其“文”字有“文饰”“文章”“计划”之意。

三、《泰》三爻变，其变卦为《临》(䷒)。

《临》：“元亨，利贞。至于八月有凶。”①

《临·彖》曰：“《临》，刚浸而长。说而顺，刚中而应，大亨以正，天之道也。‘至于八月有凶’，消不久也。”②

《临·象》曰：“泽上有地，临。君子以教思无穷，容保民无疆。”③

《临》“至于八月有凶”，警示了时间要点。

四、《泰》四爻变，其变卦为《大壮》(䷡)。

五、《泰》五爻变，其变卦为《需》(䷄)。

六、《泰》上爻变，其变卦为《大畜》(䷙)。

《大畜》：“利贞，不家食，吉。利涉大川。”④

《大畜·彖》曰：“‘大畜’，刚健笃实辉光，日新其德。刚上而尚贤，能止健，大正也。‘不家食，吉’，养贤也。‘利涉大川’，应乎天也。”⑤

《大畜·象》曰：“天在山中，大畜。君子以多识前言往行，以畜其德。”⑥

《大畜·象》有“止健”的明示。结合原文的“诳也，非诳也”进行

---

① (清)李光地：《周易折中》，巴蜀书社2006年版，第144页。

② 同上书，第351页。

③ 同上书，第444页。

④ 同上书，第143页。

⑤ 同上书，第360页。

⑥ 同上书，第458页。

分析。

错卦的暗示：

《泰》（䷊）的错卦为《否》（䷋），明示环境恶劣，不宜有所作为。

第八计《暗渡陈仓》

【原文】

示之以动，利其静而有主，益动而巽。

【易解】（䷩）

《暗渡陈仓》所使用的《周易》提示语是“益动而巽”，出自《周易·益·彖》：

益动而巽，日进无疆。①

所以我们就以《益》的象数结构来分析此计。

《益》（䷩）的上卦为巽（☴），巽为风为风动为木，为传言；下卦为震（☳），震为雷为足为动为足动。就是说《益》有两个“动”：一个是巽（☴）的上卦的明动（上为明），一个是震（☳）的下卦的暗动（下为暗）。巽为木为风传，且在上卦的位置上，则为明，所以有“明”之象。《周易·说卦》云：“挠万物者，莫疾乎风。”所谓的“风”就是指巽（巽为风），所以有“修”之象。而巽为木为风，为风行之道，所以有“栈道”之象，合观之就是“明修栈道”之象。

震为雷为动为雷动，而此雷动的方向是下互卦之坤（☷）与上互卦之

① （清）李光地：《周易折中》，巴蜀书社2006年版，第380页。

艮（☶），坤为家为土为邑地为母为旧而有“陈”之象；艮为山为土为宫殿而有“仓”之象，合观之则有“陈仓”之象。《益》（䷩）的这四个卦的组合正是“明修栈道，暗渡陈仓”的“暗渡陈仓”之象。

《益》（䷩）的上卦为巽（☴），巽为风为风动，因处在上卦位置上（上为明），所以有“放风、明动”之象，所以原文有“示之以动”之语。其上互卦为艮（☶），艮为山为止为静，这艮山之内有下卦的震雷之动，外动为虚，内动为实，以“实”为“主”，所以有“静而有主”之象。处在《益》的“卦时”之中而有“利益”的“利”之象。其利在于暗动，所以有“利其静而有主”之语。

而成功的关键在于：能否在我明动的影响下，让对方给我“暗渡陈仓”的机会。这就是此计所强调的“利其静”之关键所在。

下面简述《益》卦有关六爻变化所暗示的重要事项：

一、《益》初爻变，变卦为《观》（䷓）。

> 《观》：“盥而不荐，有孚，颙若。”①
>
> 《观·彖》曰：“大观在上，顺而巽，中正以观天下。‘观，盥而不荐，有孚，颙若’，下观而化也。观天之神道，而四时不忒；圣人以神道设教，而天下服矣。”②
>
> 《观·象》曰：“风行地上，观。先王以省方观民设教。”③

《观》有“观察审视”的告诫，提示特别要注意决策者（九五爻）处在十二消息卦阴阳消长的“阳消”时容易出现的错误判断。

二、《益》二爻变，变卦为《中孚》（䷼）。

> 《中孚》：“豚鱼，吉。利涉大川。利贞。”④
>
> 《中孚·彖》曰：“‘中孚’，柔在内而刚得中，说而巽，孚乃化邦

① （清）李光地：《周易折中》，巴蜀书社2006年版，第117页。
② 同上书，第352页。
③ 同上书，第446页。
④ 同上书，第306页。

也。‘豚鱼，吉’，信及豚鱼也。‘利涉大川’，乘木舟虚也。‘中孚’以‘利贞’，乃应乎天也。”①

《中孚·象》曰：“泽上有风，中孚。君子以议狱缓死。”②

《中孚》的下卦为兑（☱），兑为口为口舌，而其口舌宣扬的则是上卦之巽（☴）的“明修栈道”，以掩盖真正的企图——“暗渡陈仓”。

三、《益》三爻变，变卦为《家人》（䷤）。

四、《益》四爻变，变卦为《无妄》（䷘）。

五、《益》五爻变，变卦为《颐》（䷚）。

《颐》：“贞吉。观颐，自求口实。”③

《颐·彖》曰：“‘颐：贞吉’，养正则吉也。‘观颐’，观其所养也。‘自求口实’，观其自养也。天地养万物，圣人养贤以及万民。《颐》之时，大矣哉！”④

《颐·象》曰：“山下有雷，颐。君子以慎言语，节饮食。”⑤

《颐·象》“慎言语”，告诫一定要做好保密工作，特别要注意防止言语的泄露。

六、《益》上爻变，变卦为《屯》（䷂）。

《屯》：“元亨，利贞。勿用有攸往。利建侯。”⑥

《屯·彖》曰：“屯，刚柔始交而难生，动乎险中，大亨贞。雷雨之动满盈。天造草昧。宜‘建侯’而不宁。”⑦

---

① （清）李光地：《周易折中》，巴蜀书社2006年版，第401页。
② 同上书，第525页。
③ 同上书，第147页。
④ 同上书，第361页。
⑤ 同上书，第460页。
⑥ 同上书，第40页。
⑦ 同上书，第333页。

《屯·象》曰："云雷屯，君子以经纶。"[1]

《屯·象》"动乎险中"，提示不要以为其计划"天衣无缝"而轻敌。

错卦的暗示：

《益》（䷩）的错卦为《恒》（䷟）。

① （清）李光地：《周易折中》，巴蜀书社 2006 年版，第 414 页。

第九计《隔岸观火》

【原文】

阳乖序乱，阴以待逆，暴戾恣睢，其势自毙，顺以动，豫。豫，顺以动。

【易解】（䷏）

《隔岸观火》所使用的《周易》提示语是“顺以动，豫。豫，顺以动”，出自《易经·豫·彖》：

> 豫，刚应而志行，顺以动，豫。豫，顺以动。故天地如之，而况“建侯行师”乎。天地以顺动，故日月不过，而四时不忒，圣人以顺动，则刑罚清而民服。豫之时义，大矣哉！①

《豫》（䷏）的上卦为震（☳），下卦为坤（☷），上互卦为坎（☵），下互卦为艮（☶）。

从计名“隔岸观火”上看，有“岸”则必有江河，而其上互卦之坎就是此“江河”（坎为水）。“隔岸观火”的隔岸相望，说明其行为主体必站在其江河的一侧而非处在“水中”。这个行为主体就限定在“初六、六二、上六”这三爻。而“初六与上六”都处在极端位置而不可能为主，所以分

---

① （清）李光地：《周易折中》，巴蜀书社 2006 年版，第 347 页。

析的重点就在六二爻了。

《豫》六二爻既是下卦坤体的主爻，又“居中得正”，而且是《豫》的“主卦之主”，所以六二爻就是“隔岸观火”的行为主体。

所“观”之“火”，就是上卦之震与上互卦之坎的“合象”。其震的雷动主爻正处在坎险之中，而有“热火朝天的雷水恶战”之象，且坎为“血卦”（这里应特别注意《说卦》所谓的“坎为血卦”，坎的错卦为离，离为火，错卦之离火是“暗火”——胸中愤燃之火），这就是所观之“火”的象数依据。“观火”之“观”是个动态表象，这就暗示说，所“观”的主体有“动态”之象。这主体动态，就是“六二爻的变动”。六二爻变，其变卦的下互卦为离（☲），离为目，所以有“观”之象。综合观之，这就是“隔岸观火”之象。

《豫》九四这个“不中不正”的阳刚之爻处在“凶险”的坎（☵）水之中而“雷震（☳）”“翻天”（不畏处在天位六五所“乘”），这就是此计原文所谓“阳乖序乱”“暴戾恣睢”的象数依据。阴居阴位，居中得正的六二之阴，静观其变，就是“阴以待逆”之象。待其气势殆尽再顺势而动，这就是《豫》卦象所示，所以原文有“暴戾恣睢，其势自毙，顺以动，豫”之语。

为什么六二要采取“隔岸观火”的战术呢？试简析六二所面对的三个因素：

一、六五之主的心态。六二处在与其“二五敌应”的状态，也就是说，六五之主对六二抱以“怀疑、敌视、不友好”的心态，如果此时去解救六五之“难”（上卦之震的“震翻天”行为），六五不但不领情，反会怀疑六二“心怀鬼胎”而不怀好意。虽然经过变化（爻变后的二五相应）六五之主理解到这是“忠义救驾”，但六五前面的心理阴影会对六二的功劳大打折扣。所以不如观望等待，在观望之“观”——变卦的下互卦之离火出现后，会大量消耗上卦震木的力量（木生火则泄）而使事件趋于平和。在六五有变卦中第二爻与自己“相应”、坎水趋下与离火形成“水火既济的互体”去追求自己的利益（水克火，水以火为财）而不再生助震木，六五就以“乘”震卦主爻九四而平息事件。因有变卦中的“二五相应”，六五自然会看到而肯定“离火”与“相应”的价值。

二、上卦之震。六二率初六、六三以“坤土”来与震木较量，则必被震木所克，而有损失太大“无功而返”的可能性，与其硬拼，倒不如观望等待，这观望之“观”的离火会大量消耗震木的力量（木生火则泄），而自然顺利平息事件。

三、上互卦之坎。六二本可以率初六、六三以“坤土”来克制以九四为主的坎水，以消坎水助震木（水生木）的因素。然而，事件的演化——即六二爻变后其变卦的下卦为坎，两坎形成“亲比”关系，那么，前面所发生的矛盾，会在后来的亲密关系中留下阴影。如此想来，倒不如观望等待，这观望之“观”的离火与其坎水形成“水火既济的互体”，这“水火既济的互体”导致坎水趋下以求离火之财，进而达到坎水脱离生助震木的效果。

基于以上的分析，六二才决定了“隔岸观火”的攻略。

下面简述《豫》卦六爻变化所暗示的重要事项。

一、《豫》初爻变，变卦为《震》（䷲）。

> 《震》：“亨。震来虩虩，笑言哑哑，震惊百里，不丧匕鬯。”①
>
> 《震·彖》曰：“‘震，亨。震来虩虩’，恐致福也。‘笑言哑哑’，后有则也。‘震惊百里’，惊远而惧迩也。出可以守宗庙社稷，以为祭主也。”②
>
> 《震·象》曰：“洊雷，震。君子以恐惧修省。”③

《震》要求我们要有“雷震不惊”的定力。例如不被“激将法”所激怒，在“突发性事件”发生时应沉着冷静等。

二、《豫》二爻变，变卦为《解》（䷧）。

三、《豫》三爻变，变卦为《小过》（䷽）。

四、《豫》四爻变，变卦为《坤》（䷁）。

---

① （清）李光地：《周易折中》，巴蜀书社2006年版，第263页。

② 同上书，第389页。

③ 同上书，第506页。

《坤》："元，亨；利牝马之贞。君子有攸往。先迷，后得主。利。西南得朋，东北丧朋。安贞，吉。"①

《坤·彖》曰："至哉'坤：元'，万物资生，乃顺承天。坤厚载物，德合无疆。含弘光大，品物咸'亨'。'牝马'地类，行地无疆，柔顺'利贞'。'君子''攸'行，'先迷'失道，'后'顺'得'常。'西南得朋'，乃与类行；'东北丧朋'，乃终有庆。'安贞'之'吉'，应地无疆。"②

《坤·象》曰："地势坤，君子以厚德载物。"③

《坤》"西南得朋，东北丧朋"，暗示东北方向或方位有"破绽"，西南方向或方位有"贵人（朋友）相助"等。

《坤》卦辞有"先迷，后得主"，明示此计存在"自迷"与"它迷"的"玄点"。在运用此计时，不可不察。

五、《豫》五爻变，变卦为《萃》(䷬)。

《萃》："亨，王假有庙。利见大人，亨，利贞。用大牲，吉，利有攸往。"④

《萃·彖》曰："'萃'，聚也。顺以说，刚中而应，故聚也。'王假有庙'，致孝享也。'利见大人，亨'，聚以正也。'用大牲，吉，利有攸往'，顺天命也。观其所聚，而天地万物之情可见矣。"⑤

《萃·象》曰："泽上于地，萃。君子以除戎器，戒不虞。"⑥

《周易·序卦》"萃者，聚也"，提示要集中、积蓄力量。

六、《豫》上爻变，变卦为《晋》(䷢)。

---

① （清）李光地：《周易折中》，巴蜀书社2006年版，第32页。
② 同上书，第330页。
③ 同上书，第411页。
④ 同上书，第234页。
⑤ 同上书，第383页。
⑥ 同上书，第495页。

错卦的暗示：

《豫》(䷏)的错卦为《小畜》(䷈)。

《小畜》卦辞“密云不雨”，暗示正处在“蓄势”的过程中，应有“耐心”，等待着最佳战机的出现。

第十计《笑里藏刀》

【原文】

信而安之，阴以图之，备而动后，勿使有变。刚中柔外也。

【易解】（䷹）

《笑里藏刀》所使用的《周易》提示语是“刚中柔外”，出自于《周易·兑·彖》：

兑，说也。刚中而柔外。①

由此可以肯定，“笑里藏刀”之计，源于《兑》（䷹）。

《兑》（䷹）的上卦为兑（☱），下卦也为兑（☱），这是两个兑卦相重的六十四卦之一。“‘兑’，说也。”兑为喜悦，所以有“笑里藏刀”的“笑”之象。其卦的下卦也是兑（☱），从《周易·说卦》对“兑”的解释为“兑为泽，为少女，为巫，为口舌，为毁折，为附决。其于地也，为刚卤，为妾，为羊”，其象征意义颇多。易学发展到汉朝，兑（☱）又有“兑为西，为金，为刀”之象（因为这类的“扩象”符合《周易》的基本原理，所以被后人广泛运用）。

上卦兑之“喜悦”为“笑”，下卦兑之“毁折之金”为“刀”，而下卦

① （清）李光地：《周易折中》，巴蜀书社2006年版，第398页。

的“兑之刀”被掩盖在上卦的“兑之笑”的里面，这就是“笑里藏刀”之象。所以，此计就取名为《笑里藏刀》。

《兑》（䷹）上卦为兑（☱），兑有“喜悦、嬉笑”之象，同时又有“浮夸、不安”之感。此兑（☱）的上爻为阴柔之爻，这就是“柔外”之象；而《兑》（䷹）中的两个兑（☱）中爻都是阳刚之爻，且处在“六爻结构”中的“中位”，所以有“刚中”之象。合观之则有“刚中而柔外”之象。这上兑之“笑”的“刚中”之爻“阳居阳位”而有“安信”之象，这就是“信而安之”的象数依据。

“阴以图之”，是从下卦之兑（☱）得出来的。兑有“喜悦、毁折”的双重性质，那么，在实践运用时应怎样区别运用呢？在《周易》看来：上为阳，下为阴；上为表，下为里；上为表演，下为图谋。所以下卦之兑有“阴图”之象。这就是下卦之兑的“阴以图之”的象数依据。

既然作为“阴图”之动的卦处在下卦的位置上，上为先，下为后，所以有“后动”之象。既然卦寓“后动”之意，那么“先动”的上卦兑（☱）的“笑”之“安信”的“准备”工作就要扎实安稳。这就是“备而动后”的象数依据。

在《兑》（䷹）的卦爻结构体中，在上卦“笑”之兑的旁边有个巽（☴），即上互卦为巽。巽为风、为木、为进退、为进退不定的变动，所以有“有变”之象。但又因为兑之“毁折”具有抑制其巽（兑金克巽木）的作用，所以有“勿使有变”的警言。

下面简述六爻变化所暗示的重要事项。

一、《兑》初爻变，变卦为《困》（䷮）。

二、《兑》二爻变，变卦为《随》（䷐）。

三、《兑》三爻变，变卦为《夬》（䷪）。

> 《夬》：“扬于王庭，孚号有厉。告自邑，不利即戎，利有攸往。”①
>
> 《夬·彖》曰：“‘夬’，决也，刚决柔也。健而说，决而和。‘扬于王庭’，柔乘五刚也。‘孚号有厉’，其危乃光也。‘告自邑，不利即

---

① （清）李光地：《周易折中》，巴蜀书社 2006 年版，第 224 页。

戎’，所尚乃穷也。‘利有攸往’，刚长乃终也。”①

《夬·象》曰：“泽上于天，夬。君子以施禄及下，居德则忌。”②

《夬》的“不利即戎”的卦辞，就是对此计原文中“备”字的巧妙解读。

四、《兑》四爻变，变卦为《节》（䷻）。

《节》：“亨。苦节不可贞。”③

《节·彖》曰：“‘节：亨。’刚柔分而刚得中。‘苦节不可贞’，其道穷也。说以行险，当位以节，中正以通。天地节而四时成。节以制度，不伤财，不害民。”④

《节·象》曰：“泽上有水，节。君子以制数度，议德行。”⑤

《节·彖》“说以行险，当位以节”，明示关键时刻的“自我节制”是非常重要的。

五、《兑》五爻变，变卦为《归妹》（䷵）。

六、《兑》上爻变，变卦为《履》（䷉）。

《履》：“履虎尾，不咥人，亨。”⑥

《履·彖》曰：“履，柔履刚也。说而应乎乾，是以‘履虎尾，不咥人，亨。’刚居中，履帝位而不疚，光明也。”⑦

《履·象》曰：“上天下泽，履。君子以辩上下、定民志。”⑧

---

① （清）李光地：《周易折中》，巴蜀书社2006年版，第380页。
② 同上书，第491页。
③ 同上书，第303页。
④ 同上书，第399页。
⑤ 同上书，第523页。
⑥ 同上书，第73页。
⑦ 同上书，第341页。
⑧ 同上书，第427页。

《履・彖》曰："履，柔履刚也。说而应乎乾。"从中明显地可以看出此计的暗示：不要忘记对方还有着强大的势力，顺势而为才是好的策略。

错卦的暗示：

《兑》(䷹)的错卦为《艮》(䷳)，《艮》卦辞有"艮其背，不获其身""不见其人"的藏匿隐蔽策略。

第十一计《李代桃僵》

【原文】

势必有损，损阴以益阳。

【易解】（䷨）

《李代桃僵》所使用的《周易》提示语是“损阴以益阳”，出自《损·象》

“损”，损下益上，其道上行。损益盈虚，与时偕行。①

《周易》认为“上为阳，下为阴；上为刚，下为柔”，所以，可断定《李代桃僵》的“损阴以益阳”，就是《周易·损·象》的“损下益上”。

值得注意的是：乾为刚为阳，因其处在下卦而又有“阴柔”之象；坤为阴为柔，因其处在上卦而又有“阳刚”之象。

“李代桃僵”一词，源于南宋郭茂倩《乐府诗集·鸡鸣》：“桃在露井上，李树在桃旁，虫来啮桃根，李树代桃僵。树木身相代，兄弟还相忘!”

从此诗文中可以看出，“桃在露井上”的“上”（上为阳，下为阴）字，已经明示地讲出“桃李”的主宾关系；“李树在桃旁”则进一步说明：李树与桃树处在同一平台而以桃树为主，以李树为辅（旁）。因此可以推

① （清）李光地：《周易折中》，巴蜀书社2006年版，第378页。

断：桃为阳，李为阴。

《损》(䷨)的上卦为艮(☶)，艮为山，为土，《周易·说卦》曰“艮为山……其于木也，为坚多节”，所以也有“木”象。因其处在上卦的位置，所以有“桃”之象。《损》(䷨)的下卦为兑(☱)，兑为泽(井)，为口，为毁折；其下互卦为震(☳)，震为雷为木，而有“桃、李”之象，合观之则有“兑金毁折震木”而“桃李之木”被“毁”的“僵”之象。

《损》(䷨)是由《泰》(䷊)而来——《泰》第三爻上升到上爻的位置上而形成的《损》(䷨)，这就是《损·象》所谓“‘损’，损下益上”。从此计看，就是“损李益桃”——“李代桃僵”。这也是《李代桃僵》原文“势必有损，损阴以益阳”的象数依据(其中的“势必”就是“规律”)。

值得注意的是，《以逸待劳》与《李代桃僵》都是以《损》为依据，其区别在于“势”的不同。《以逸待劳》是“困敌之势”而《李代桃僵》则是“势必有损”。由此可见，在同一卦的情况下，因具体的“势”的不同则应采取不同的计策来应对。这也是使用《三十六计》的“要妙”。

第十二计《顺手牵羊》

【原文】

微隙在所必乘，微利在所必得。少阴，少阳。

【易解】（䷨）

《顺手牵羊》所使用的《周易》提示语是“少阴，少阳”，旨在说明，《顺手牵羊》之计源于《易经》中由“少阴、少阳”两单卦组成的《损》（䷨）卦。

《损》（䷨）是由“少阴”之兑（☱）与“少阳”之艮（☶）合成的卦。其上卦为艮（☶），艮为山为手，其上互卦为坤（☷），坤为地为顺，合观之则有“顺手”之象。其下卦为兑（☱），兑为泽为羊，其下互卦为震（☳），震为雷为动，此震之动的主爻九二处在下卦“兑羊”之中而“牵动”兑羊前进（往前卦的卦位上移动），所以有“牵羊”之象。这“外艮土内兑金”，形成“兑金在艮土中藏”之象，所以有“艮手擒兑羊”之象，综合而观之，就是“顺手牵羊”之象。

《损·象》所云“与时偕行”则明显强调了一个“顺”字。“与时偕行”，向人暗示了使用易卦应该顺应“天时”“天象”“天意”（《周易》：“天垂象，见吉凶”），而切莫自以为是。

《损》（䷨）的上互卦为坤（☷），坤为地，“坤六断”（此坤土与上卦艮土相比而有“松软”之象），这就是“微隙”之象；其下互卦为震☳为木为动，其上互卦为坤为地为土，这震木之动破土而出，所以有“乘隙”

而进之象，这就是原文“微隙在所必乘”的象数依据。

少阴之兑（☱）为西为金，少阳之艮（☶）为山为土，这兑金受艮土生养，所以兑有“得益”之象。下互卦之震（☳）的阳刚主爻处在下卦的“中位”而“应”上卦艮体中位的六五之阴，则有“居中有应”的优势，其震木破艮山硬土，虽艰难但在“有利”的环境中持续。在这过程中而有其上互卦坤土的存在，坤地之土相对艮山之土而言为有“微隙”的松软之土，这对前进之动的震（☳）而言，则有“易得的微利”之象，所以原文有“微利在所必得”之语。

第十三计《打草惊蛇》

【原文】

疑为叩实，察而后动。复者，阴之媒也。

【易解】（䷗）

《打草惊蛇》所使用的《周易》提示语是“复者，阴之媒也”。原文中的“复”，就是指《易经》的《复》（䷗）卦。

《复》（䷗）的上卦为坤（☷），坤为地为厚德载物为归藏，所以有“藏”之象；下卦为震（☳），震为雷为动，这就是“上卦藏有下卦之动”之象。这下卦为震，震为动为震动，引申而有“打”之象。

震为春之草木，而有“草”之象。《周易・说卦》曰“震为雷”“为旉（花草）”“为苍筤竹，为萑苇”“为蕃鲜”，所以有“草”之象。

震为雷，而有“震惊百里”之象。——“震惊百里”四个字，就是《震》（䷲）的卦辞，所以震（☳）有“震惊”的“惊”之象。震为雷为龙，而有“蛇”之象。合观之组成“打草惊蛇”之象。

以上就是“打草惊蛇”的象数依据。

《复》（䷗）的上卦为坤（☷），坤有“藏”而“不明”之象，下卦为震（☳），震为雷为草，合观之而有“疑”之象。下卦为震为动而有“作、为、叩”之象；上卦为坤，坤有“直、方、大”的“实在”之象，合观之就是“疑为叩实”之象。

《复》（䷗）的下卦为震（☳），震为雷，为雷电，而有“警觉”的

"察"之象；震为动，所以有"察而后动"之象。

《复》（䷗）的上卦为坤（☷），下卦为震（☳），这就是"五阴聚一阳"的"阴谋其阳"的"阴之媒"之象。

以此卦而设计使用"打草惊蛇"之计的确巧妙。因为《复》（䷗）是十二消息卦，所以有一个"十二消息卦的阴阳消长规律"在其中。而《复》正处在"阳长阴消"状态中，即由《复》（䷗）而《临》（䷒）、《泰》（䷊）、《大壮》（䷡）、《夬》（䷪）、《乾》（䷀）……

第一步由《复》（䷗）变《临》（䷒），《临》的上卦为坤（☷），其上互卦也为坤，其下互卦为震（☳）——"打草惊蛇"在持续中；下卦为兑（☱），兑为毁折之金，其下互卦震木之蛇正处在毁折之中，这是在"打草惊蛇"过程中施加"猛药"而逼"蛇"之象。第二步由《临》（䷒）变《泰》（䷊），《泰》的上卦为坤（☷），其上互卦也为震（☳）——"打草惊蛇"还在持续中；其下互卦还是兑（☱），上互卦震木之蛇仍然处在毁折之中，这是继续逼"蛇"之象。第三步由《泰》（䷊）变《大壮》（䷡），在《大壮》中震木之蛇则处在无坤包藏的上卦而显露在外，且依然处在上互卦兑的毁折之中。其蛇就是在这时就擒的，因为按"十二消息卦原理"，《大壮》（䷡）会继续演化为《夬》（䷪），而在《夬》中，震之蛇消失了。

下面简述《复》卦六爻变化所暗示的重要事项。

一、《复》初爻变，变卦为《坤》（䷁）。

二、《复》二爻变，变卦为《临》（䷒）。

三、《复》三爻变，变卦为《明夷》（䷣）。

> 《明夷》："利艰贞。"①
>
> 《明夷·彖》曰："明入地中，明夷。内文明而外柔顺，以蒙大难，文王以之。'利艰贞'，晦其明也，内难而能正其志，箕子以之。"②

---

① （清）李光地：《周易折中》，巴蜀书社2006年版，第190页。

② 同上书，第372页。

《明夷·象》曰：“明入地中，明夷。君子以莅众用晦而明。”①

《明夷·象》有“蒙大难”“晦其明”的告诫以及“内难而能正其志”“内文明而外柔顺”的明示。其“文”字有“文饰”“文章”“计划”之意。

四、《复》四爻变，变卦为《震》(䷲)。

五、《复》五爻变，变卦为《屯》(䷂)。

六、《复》上爻变，变卦为《颐》(䷚)。

① （清）李光地：《周易折中》，巴蜀书社2006年版，第478页。

第十四计《借尸还魂》

【原文】

有用者，不可借；不能用者，求借；借不能用者而用之。匪我求童蒙，童蒙求我。

【易解】（䷃）

《借尸还魂》所使用的《易经》提示语是“匪我求童蒙，童蒙求我”，出自《易经·蒙》卦辞。可知“借尸还魂”之计的原理出于《易经·蒙》，所以我们就以《蒙》的象数结构来分析此计。

《蒙》（䷃）的上卦为艮（☶），艮为山，上互卦为坤（☷），坤为地为平地，这是“平地之上有山”的“坟”之象。此坟里面有下卦之坎（☵），坎为穴为黑为暗，而有“坟棺”之象。坎卦的“坎中满”，是“虚中有实”之象，这“坟棺”中的“实”，就是“尸”之象。这“尸”的主爻是九二爻，而九二又是下互卦震（☳）的主爻，震为雷为动为闪电而有“魂”之象。震为雷为动，此震声响在外而扎根在“坎尸”之中，这就是“还魂于尸”之象。其上卦为艮（☶），艮为手，而有“借”之象。

《蒙》（䷃）的内卦为坎为水为险，外卦为艮为山为阻，其象是内有坎险而不安，外有山阻而不便，人在此时不知所然而蒙昧不明，所以有“蒙”之象。此卦是两阳四阴卦，主爻则以较少的爻为主，所以选阳爻为主爻。上九爻过刚而不中，因此就以阳刚得中的九二爻为《蒙》卦之主。居下卦中位的九二既然是卦主，那么可把下卦坎水看作泉水，所以有“山下出泉”之象。以卦主九二为代表的坎水不能向高山流去以“应”处在艮体中的六五为代表的群蒙，这就是“匪我求童蒙”之象；卦象是以六五为代表的群蒙来“包应”卦主九二，这就是“童蒙求我”之象。

既然以六五为首的“群蒙”有求于“我（九二）”，“我”就可以借助九二“应”六五的关系，利用六五“承”上九的关系，让以上九为代表的“艮山之手”来帮助我，即：上九“应”六三，制约六三，因上卦艮土与下卦坎水有相克的关系，所以就可以解决六三“乘”九二的危难。

原文中的“求”字，就是《蒙》卦中“匪我求童蒙，童蒙求我”的“求”，原文中的“借”，就是利用其有所求来借对我之利。所以原文使用“求借”以明示。九二之我与六五“相应”，而有“有用者”之象；因六五不是上卦艮山之手的主爻，不是所借之用，所以有“有用者，不可借”之象。上九爻与九二“无应”而有“不能用者”之象，因上九是上卦艮山之手的主爻，正是所借之用，所以有“不能用者，求借”之象（利用六五承上九的“求借”）。这就是“借不能用者而用之”的象数依据。

此计最关键的“核心”就是：“二五相应”与“五承上”的变换关系，以及“上三有应”与“三乘二”的变换关系。

下面简述《蒙》卦六爻变化所暗示的重要事项。

一、《蒙》初爻变，变卦为《损》(䷨)。

二、《蒙》二爻变，变卦为《剥》(䷖)。

> 《剥》：“不利有攸往。”①
>
> 《剥·彖》曰：“‘剥’，剥也，柔变刚也。‘不利有攸往’，小人长也。顺而止之，观象也。君子尚消息盈虚，天行也。”②
>
> 《剥·象》曰：“山附地上，剥。上以厚下安宅。”③

《剥》为十二消息卦，所以应注意“十一月的变化”。

---

① （清）李光地：《周易折中》，巴蜀书社 2006 年版，第 131 页。

② 同上书，第 357 页。

③ 同上书，第 452 页。

三、《蒙》三爻变，变卦为《蛊》(䷑)。

《蛊》："元亨。利涉大川。先甲三日，后甲三日。"①

《蛊·彖》曰："《蛊》，刚上而柔下，巽而止，《蛊》。'蛊：元亨'，而天下治也。'利涉大川'，往有事也。'先甲三日，后甲三日'，终则有始，天行也。"②

《蛊·象》曰："山下有风，蛊。君子以振民育德。"③

《蛊》有蛊蚀、蛊惑的意思，所以应注意游说的技巧，并识破对方蛊蚀、蛊惑的陷阱。

四、《蒙》四爻变，变卦为《未济》(䷿)。

《未济》："亨，小狐汔济，濡其尾，无攸利。"④

《未济·彖》曰："'未济：亨'，柔得中也。'小狐汔济'，未出中也。'濡其尾，无攸利'，不续终也。虽不当位，刚柔应也。"⑤

《未济·象》曰："火在水上，未济。君子以慎辨物居方。"⑥

《未济·象》"慎辨物居方"，告诫对方位、方向的选择务必慎重。《未济》"卦时"的"水火不容"，表明对方不会轻易上当，而应注意技巧。

五、《蒙》五爻变，变卦为《涣》(䷺)。

《涣》："亨。王假有庙，利涉大川，利贞。"⑦

《涣·彖》曰："'涣：亨'，刚来而不穷，柔得位乎外而上同。

① (清)李光地：《周易折中》，巴蜀书社2006年版，第109页。
② 同上书，第349页。
③ 同上书，第442页。
④ 同上书，第321页。
⑤ 同上书，第406页。
⑥ 同上书，第530页。
⑦ 同上书，第299页。

‘王假有庙’，王乃在中也。‘利涉大川’，乘木有功也。”①

《涣·象》曰：“风行水上，涣。先王以享于帝，立庙。”②

《周易·序卦》所谓“涣者，离也”，则启示我们在使用此计时应在“涣散对方的注意力”上下功夫。

《涣·象》所云“乘木有功”即是“巽木”的变通运用。

六、《蒙》上爻变，变卦为《师》（䷆）。

错卦的暗示：

《蒙》（䷃）的错卦为《革》（䷰）：

注意《革·象》所谓“二女同居，其志不相得”的内部矛盾。

① （清）李光地：《周易折中》，巴蜀书社2006年版，第398页。

② 同上书，第521页。

第十五计《调虎离山》

【原文】

待天以困之，用人以诱之。往蹇来连。

【易解】（䷦之䷞）

《调虎离山》所使用的《易经》提示语是“往蹇来连”，出自《易经·蹇·六四》的爻辞，兹以《蹇》（䷦）的象数结构来分析此计。

《蹇》（䷦）的上卦为坎为水，下卦为艮为山。流动之坎水被艮山所阻，所以有“行动艰难的”“蹇”之象。

《蹇》（䷦）的上互卦为离（☲），《说卦》云“离为火”“为戈兵”“为乾卦”，我们知道“乾为天为虎”，所以，计名“调虎离山”的“虎”，就是《蹇》的上互卦之离。其上互卦为离，下卦为山，这是“离山”之象。那么“调”字又从何而来呢？

根据易占原理可知，筮遇《蹇·六四》，即六四为“变爻”。六四爻变后，其变卦为《咸》（䷞），“咸”有“感应而相与”之意。这变卦的上卦为兑（☱），兑为口为说为谗言，其下互卦为巽（☴），巽为风为风言风语为谣言，而有“吊胃口引诱”的“调”之象，且巽木之风引虎之离火附着而燃，这就是“调虎离山”之象。

我们已知所“调”之“虎”是《蹇》的上互卦之离（☲），六四爻变后变卦的上互卦为乾（☰），乾为天，这就是“乾天压离虎”的“困敌”之象；所谓“待”就是“等待爻变”。变卦的上卦之兑的谗言与下互卦之巽的风言风语的“诱惑”都是“人为”的，所以有“用人以诱之”之象，合观之就是“待天以困之，用人以诱之”之象。

而“往蹇来连”是《蹇》六四爻辞，其象数依据简述如下。

作为“阴居阴位”而“当位”九四身为离卦之主而受上卦与下互卦这两个相连的坎险所困，并且处在“蹇难”的“卦时”之中，所以“上下往来”都非常艰难，所以有“往蹇来连”之象。

另外运用此卦使用“调虎离山”之计时，应注意在坤（☷）所代表的“西南方向”设伏。

《蹇》卦辞有“利西南，不利东北”的卦辞，所以所调之“虎”必从“有利”的方向运动。而从卦象看，《蹇》的上卦坎水被下卦的艮山（艮为东北）所阻而构成“蹇”之“不利”的“势态”。而坤为地为平地，则水可畅流，所以有“利西南，不利东北”之辞。从《蹇》的所“调”之“虎”的离火看，东北之艮山与西南之坤地，因两者都属“土”，所以都是“不情愿的”。但在此卦时中离虎被上卦坎水所压而屈从坎水的自然流向（离虎之所以能接受这种“不情愿”就在于，此离与上卦之坎构成“四至六的连互之‘既济’”），所以必向西南方向运动。

另一个要注意的是：在变卦《咸》中有个“艳遇结构”与“官非结构”的混合体——即二爻至六爻的互体，也就是我们常说的“桃花煞结构”（二至五爻的“艳遇结构”为“桃花”；三至六爻的“官非结构”为“煞”）。在此计的运用中就是利用“艳遇”为“煞”以制敌。

例如，在运用“调虎离山”之计时，可用“母虎”为诱饵并运用好巽之阴与煞之兑的“六乘五”就可以了。

下面简述《蹇》卦六爻变化所暗示的重要事项。

一、《蹇》初爻变，变卦为《既济》（䷾）。

《既济》：“亨，小利贞。初吉，终乱。”①

《既济·彖》曰：“‘既济；亨’，小者亨也。‘利贞’，刚柔正而位

① （清）李光地：《周易折中》，巴蜀书社2006年版，第317页。

当也。'初吉'，柔得中也。'终'止则'乱'，其道穷也。"①

《既济·象》曰："水在火上，既济。君子以思患而豫防之。"②

《既济·象》"思患而豫防之"，提示多一分思考，多一分胜算。

二、《蹇》二爻变，变卦为《井》(䷯)。

《井》："改邑不改井，无丧无得，往来井井。汔至，亦未繘井，羸其瓶，凶。"③

《井·彖》曰："巽乎水而上水，井。井养而不穷也。'改邑不改井'，乃以刚中也。'汔至，亦未繘井'，未有功也。'羸其瓶'，是以'凶'也。"④

《井·象》曰："木上有水，井。君子以劳民劝相。"⑤

《井·彖》"井养而不穷"，告示"耐心""休整备战""自养"等。

三、《蹇》三爻变，变卦为《比》(䷇)。

四、《蹇》四爻变，变卦为《咸》(䷞)。

五、《蹇》五爻变，变卦为《谦》(䷎)。

《谦》："亨。君子有终。"⑥

《谦·彖》曰："'谦，亨'，天道下济而光明，地道卑而上行。天道亏盈而益谦，地道变盈则流谦，鬼神害盈而福谦，人道恶盈而好谦。谦，尊而光，卑而不可逾，君子之终也。"⑦

《谦·象》曰："地中有山，谦。君子以裒多益寡，称物平施。"⑧

---

① （清）李光地：《周易折中》，巴蜀书社2006年版，第405页。
② 同上书，第529页。
③ 同上书，第248页。
④ 同上书，第386页。
⑤ 同上书，第500页。
⑥ 同上书，第94页。
⑦ 同上书，第345页。
⑧ 同上书，第436页。

《谦》的“谦享”之道，明示谦谦君子“尊而光，卑而不可逾”的巨大力量。

六、《蹇》上爻变，变卦为《渐》（䷴）。

错卦的暗示：

《蹇》（䷦）的错卦为《睽》（䷥）。

《睽·象》的“柔进”之语，告诉我们也可试探性地进行“佯攻”。

第十六计《欲擒故纵》

【原文】

逼则反兵，走则减势，紧随勿迫。累其气力，消其斗志，散而后擒。兵不血刃，需有孚光。

【易解】（䷄）

《欲擒故纵》所使用的《易经》提示语是“需，有孚光”，出自《易经·需》的卦辞：

需：有孚，光亨，贞吉。利涉大川。①

所以我们就以《需》的象数结构来分析此计。

《需·彖》曰：“需，须也，险在前也。刚健而不陷。”我们从中可以看出：其行为主体就是下卦之乾（☰），乾前面的“险”就是上卦之坎（☵），而“擒”“纵”的对象就是坎（坎为寇）。

靠近下卦之乾一方的下互卦为兑（☱），兑为毁折，所以有“擒贼”的“擒”之象；《需·象》有“饮食宴乐”之语（其象数依据就是：其下互卦为兑，兑为口为“饮”为喜悦为“乐”，这兑口对着上卦之坎，坎为水为酒），在“险在前”的危险时刻而以“饮食宴乐”的行为来掩饰，所

① （清）李光地：《周易折中》，巴蜀书社2006年版，第50页。

以有“故意”表演的“纵”之象（兑为喜悦为“附决”，这本身就有“纵而擒”之象），合观之则有“欲擒故纵”之象。

《需》（☵☰）的“卦时”是最好的“欲擒故纵”的取胜态势。如果乾体再逼近坎（贼）一步，则上卦之坎就会变成兑（☱），兑为戈兵为毁折，坎（寇）则有“以死相拼”的“反兵”之虞，所以有“逼则反兵”之象；如果乾体后退一步（撤走九三之阳），则乾之“健”就不存在了，这就是“走则减势”之象。保持《需》“利涉大川”的“卦时结构”而不去逼其就范为最佳，所以有“紧随勿迫”之象。这样的话，由于《需》有上互卦之离（☲）火的存在，而以离火来蒸发其坎寇之水，就会出现“累其气力，消其斗志”的效果，待其“累、消、散”之后，擒贼之果可唾手可得，所以有“累其气力，消其斗志，散而后擒”之语。

“兵不血刃”是《需》的卦时与其象数结构的写照。《需》的下卦为乾为刚健，下互卦为兑为戈兵为刀刃，上互卦为离（☲）为火为红，而此离的主爻是六四，六四又正处在下互卦兑泽之水的爻位，这“红色之水”就是“血”之象，也就是“血刃兵战”之象。而《需》的“卦时”有“需，须也”以及“饮食宴乐”的“非战”之象，合观之就是“兵不血刃”之象。为提醒此计使用者，原文作者专门精心注释“需有孚光”来强调其中“离火之光”的重要性。

在此值得一提的是：此计之所以能够达到“兵不血刃”的效果，关键还有一个对坎（贼）的心理分析。所以我们有必要从坎水的角度分析一下其象数结构关系。

由上已知，《需》的上卦之坎为所擒之贼。

第一，坎为水，就其自然属性而言，水流趋下，可知其坎水有“回归”倾向；第二，其坎水“水流趋下”的行为与上互卦之离（☲）构成“四至六爻的连互体”——既济结构（顺利既济的意思）；第三，就是下互卦兑泽水之金对其的诱惑（兑为口为喜悦为泽水，与坎水有“类似性、同频性”）；第四，就是下卦之乾与下互卦之兑都属金，金生水，则意味着乾之主体对坎水的“包容性”以及其优惠待遇。

基于以上的分析，在使用此计时，在确认第一条的“回归倾向”后，则应做好第二、三、四条的工作，以保此计顺利实施。

下面简述《需》卦六爻变化所暗示的重要事项。

一、《需》初爻变，变卦为《井》(䷯)。

二、《需》二爻变，变卦为《既济》(䷾)。

三、《需》三爻变，变卦为《节》(䷻)。

四、《需》四爻变，变卦为《夬》(䷪)。

> 《夬》:“扬于王庭，孚号有厉。告自邑，不利即戎，利有攸往。”①
>
> 《夬·彖》曰:“‘夬’，决也，刚决柔也。健而说，决而和。‘扬于王庭’，柔乘五刚也。‘孚号有厉’，其危乃光也。‘告自邑，不利即戎’，所尚乃穷也。‘利有攸往’，刚长乃终也。”②
>
> 《夬·象》曰:“泽上于天，夬。君子以施禄及下，居德则忌。”③

《夬》卦辞“不利即戎”，告诫放弃小利，注重大局，不可操之过急。

五、《需》五爻变，变卦为《泰》(䷊)。

> 《泰》:“小往大来。吉，亨。”④
>
> 《泰·彖》曰:“‘泰：小往大来。吉，亨’，则是天地交而万物通也，上下交而其志同也；内阳而外阴，内健而外顺，内君子而外小人，君子道长，小人道消也。”⑤
>
> 《泰·象》曰：“天地交，泰。后以财成天地之道，辅相天地之宜，以左右民。”⑥

《泰》卦辞“小往大来”，明示行为策略，即在“天地交而万物通”的有利环境下采取行动。

---

① (清)李光地:《周易折中》，巴蜀书社 2006 年版，第 224 页。
② 同上书，第 380 页。
③ 同上书，第 491 页。
④ 同上书，第 78 页。
⑤ 同上书，第 432 页。
⑥ 同上书，第 429 页。

六、《需》上爻变，变卦为《小畜》（䷈）。

《小畜》：“亨。密云不雨，自我西郊。”①

《小畜·彖》曰：“小畜，柔得位而上下应之，曰‘小畜’。健而巽，刚中而志行，乃‘亨’。‘密云不雨’，尚往也。‘自我西郊’，施未行也。”②

《小畜·象》曰：“风行天上，小畜。君子以懿文德。”③

《小畜》卦辞“密云不雨”，暗示正处在“蓄势”的过程中，应有“耐心”，等待着最佳战机的出现等。

错卦的暗示：

《需》（䷄）的错卦为《晋》（䷢），《晋》（䷢）的卦象是“上离下坤”。离为日为太阳，坤为地，这是旭日上升之象，所以给敌人的假象要逼真，要敌人有美好的憧憬，才足以吸引敌人。变卦的下卦为坤（☷），坤为地为朴实为真为自然，切记不要做作。

① （清）李光地：《周易折中》，巴蜀书社2006年版，第68页。
② 同上书，第340页。
③ 同上书，第425页。

第十七计《抛砖引玉》

【原文】

类以诱之，击蒙也。

【易解】（䷃之䷆）

《抛砖引玉》所使用的《易经》提示语是“击蒙”，出自《易经・蒙・上九》：

击蒙。不利为寇，利御寇。①

《蒙》（䷃）的卦象是上卦为艮（☶），下卦为坎（☵）。上卦艮为山，为尖锐，为阻止，而上九爻正处在艮山之顶，所以有“尖锐、阻挡”的“击”之象。因为处在《蒙》的卦时中，所以此卦六爻皆有“蒙”之象，合观之，则有“击蒙”之象。而《蒙》上九爻变，其变卦为《师》（䷆），“师”，就是“兴师动众”的意思，也是“击”之象，同时也构成“击蒙”之象。

《蒙》的上卦为艮（☶）。艮为山，为土、石之物，所以有“砖、玉”之象。其上互卦为坤（☷），坤为地，亦为土、石之物，所以也有“砖、玉”之象。《蒙》上九爻变，其上卦之艮（☶）变为上卦之坤（☷），同理

① （清）李光地：《周易折中》，巴蜀书社 2006 年版，第 49 页。

亦有“砖、玉”之象。《蒙》的上卦为艮，艮为手，其下互卦为震（☳），震为雷为动，合观之则有“动其手”的“抛（物）、牵引”的“抛、引”之象。以上诸种卦象组合而成“抛砖引玉”之象。

那么，砖和玉，该怎么区别呢？在《蒙》（䷃）的卦体中，艮（☶）处在外卦位置上，而有“外露”之象，砖为外露之物，所以，此艮为“砖”；而坤（☷）处在上互卦位置上，而且相对于上卦之艮来说，则处在里面（内）。坤为地为藏，玉为收藏之物，所以，此坤为“玉”。

《蒙》（䷃）上九爻变，上卦之“艮砖”消失了，而“坤玉”却出现在变卦《师》（䷆）的上面（上卦），所以此计计名为“抛砖引玉”。

按《易经》筮占规则，上九爻为变爻。这上九爻变前后的“上卦之艮、上互卦之坤、变卦的上卦之坤”，皆有土、石之象，这就是原文中的“类”（即皆为土、石）之象。《蒙》的上卦为艮，艮为手，其下互卦为震（☳），震为雷为动，合观之则有“动其手”的“招引”的“诱”之象，合观之就是“类以诱之”之象。

作为“兵法”还要注意战术的分析：如从《蒙》的卦象看，其外卦为艮（☶）为山，内卦为坎（☵）为寇，其下互卦为震（☳）为动，这是敌人在我们包围中的坎险中挣扎（蒙之动）之象。而爻辞“击蒙。不利为寇，利御寇”则明确说明此战并非“攻击战”，而应是“阻击保卫战”。所以应“诱敌”“分敌”以歼之。

在下卦坎险中挣扎的下互卦震动之敌，看到前面的艮山之阻，则不会冒然行为，所以，此时出现“抛砖”的“艮山消失”之象，必定会引诱正在坎险中挣扎的震动之敌前来，方可“御寇”以歼之。

第十八计《擒贼擒王》

【原文】

摧其坚，夺其魁，以解其体。龙战于野，其道穷也。

【易解】（䷁之䷖）

《擒贼擒王》所使用的《周易》提示语是“龙战于野，其道穷也”。出自《坤·上六·象》的文辞。由此可知，《擒贼擒王》之计的机理源于《坤》（䷁）卦。

根据《周易》的规则，遇到某卦某爻变，就用此卦此爻的爻辞来判断，并辅以象辞参考。而此计运用的是《坤·上六》的象辞，就可断定此计的原理就寓于《坤》（䷁）上六爻变后的变卦——《剥》（䷖）的象数结构之中。

《坤》（䷁）经过六爻的阴阳消长变化，当发展到上六爻时，坤阴即将转化而变为乾阳，《乾》六爻皆为龙，《坤》上六阴极而刚，其爻变而为阳，所以在这一爻上也有“龙”之象。这阴极而阳之“龙”，就是“擒贼擒王”的“王”之象。《坤》为纯阴之卦，所以有“众贼”之象，那阴极而阳的“龙”（王），就是“贼王”。变卦为《剥》（䷖），剥就是阴阳相剥，《象》对《剥》解释说：“剥，剥也，柔变刚也。”“刚”则有“战”之象。极外之地称为“野”，上六爻正处在极外之地，所以有“龙战于野”之象。变卦之《剥》（䷖）的上卦为艮（☶），艮为山为手为止，所以有“擒拿”之象。合观之，就是“龙战于野”的“擒贼擒王”。

在对《易经》象数运用中，也有以“第五爻”为“王”的现象。下面试作解析。

《坤》的六爻皆阴，这就是“众贼”之象。第五爻为“帝王”之位，所以有“贼王”之象。此计运用的是《坤·上六》“龙战于野”的象辞，说明此爻为“变爻”。其爻变，变卦的上卦为艮（☶），艮为手为止，而有“擒拿”之象。而此时第五爻的“中而不正”之“贼王”，正处在此“擒拿”之“艮手”的掌握中。

值得注意的是第六爻的“王”则是“太上皇”之类的“形式之王”。因其为“变爻”，所以有“变化”之象，而此变化则有助于“变卦的艮手擒拿”。所以行使此计时，则应该“拉拢、争取”第六爻作为“内应”，以便此计的顺利完成。

《坤》（䷁）体六爻皆阴而为“阴体”。其上六爻阴极而刚，所以有“龙、坚、魁”之象。上六爻变，变卦为《剥》（䷖），而《剥》的上卦为艮（☶），艮为手，就是“摧、夺、解”之象。合观之，就是“摧其坚，夺其魁，以解其体”的象数依据。

原文中的“其道穷也”，原本是《坤·上六·象》的文辞。意思是《坤》的六个阴爻，从初爻依次向上发展，到了上六，已经没有向上发展的空间了，暗示其被擒拿的时机已到。

下面简述《坤》卦六爻变化所暗示的重要事项。

一、《坤》初爻变，变卦为《复》（䷗）。

《复》：“亨。出入无疾，朋来无咎。反复其道，七日来复，利有攸往。”①

《复·彖》曰：“‘复：亨’，刚反，动而以顺行，是以‘出入无疾，朋来无咎’。‘反复其道，七日来复’，天行也。‘利有攸往’，刚长也。《复》，其见天地之心乎？”②

《复·象》曰：“雷在地中，复。先王以至日闭关，商旅不行，后

① （清）李光地：《周易折中》，巴蜀书社2006年版，第134页。

② 同上书，第357页。

不省方。”①

《复・象》“动而以顺行”，提示在行动中应依次而行，顺势而行。

二、《坤》二爻变，变卦为《师》(䷆)。

三、《坤》三爻变，变卦为《谦》(䷎)。

四、《坤》四爻变，变卦为《豫》(䷏)。

五、《坤》五爻变，变卦为《比》(䷇)。

《比》：“吉。原筮，元永贞，无咎。不宁方来，后夫凶。”②

《比・彖》曰：“‘比’，‘吉’也；‘比’，辅也，下顺从也。‘原筮，元永贞，无咎’，以刚中也。‘不宁方来’，上下应也。‘后夫凶’，其道穷也。”③

《比・象》曰：“地上有水，比。先王以建万国，亲诸侯。”④

《比》卦辞“不宁方来”，提示要注意防范“突发事件”或对方的“突然袭击”。《比・彖》所谓“其道穷也”，暗示身处穷途末路，应思变革。

六、《坤》上爻变，变卦为《剥》(䷖)。

错卦的暗示：

《坤》(䷁)的错卦为《乾》(䷀)。《乾・用九・象》有“天德不可为首”之劝诫。同时《乾・初九》爻辞“自强不息”的鼓励。

---

① (清)李光地：《周易折中》，巴蜀书社2006年版，第454页。

② 同上书，第63页。

③ 同上书，第339页。

④ 同上书，第423页。

第十九计《釜底抽薪》

【原文】

不敌其力，而消其势，兑下乾上之象。

【易解】（䷉之䷀）

《釜底抽薪》所使用的《易经》提示语是“兑下乾上之象”。所指就是《履》（䷉）的卦爻结构。

《履》（䷉）上卦为乾（☰），乾为圜为圆为金，所以有“釜”之象。处在乾之“釜”底下有三个卦：其下卦为兑（☱），兑为毁折，其上互卦为巽（☴），巽为木，这有“毁折”之“木”的“薪”之象。其下互卦为离，离为火，合观之则有“巽薪之木在釜下燃烧”之象。上互卦为巽，巽为风，而有“风助火燃”之象。

从《履》六爻整体看，其下卦为兑（☱），兑为泽为止水，而有“釜中水”之象，其水正是下互卦离火的主爻，离为火为热为烫，这热烫之水又正是上互卦巽风的主爻，巽为风为进退，合观之则有“釜中之水被猛火烧得沸腾”之象。

欲解决这一势态，最好的办法就是“抽薪”而灭其火源。从《履》卦象上看，只有六三爻为变爻的情况下才能平息这种事态。

《履》（䷉）六三爻变，其变卦为《乾》（䷀）。在《乾》（䷀）中，巽薪之木与离火都消失了，所以此计定名为“釜底抽薪”。

从上面的分析中，我们知道此时的势态是“釜中之水被猛火烧得沸腾”之局面，所以原文有“不敌其力”之词。其解决问题的方法就是釜底抽薪，“而消其势”。

值得注意的是，仅仅从原文所谓“兑下乾上之象”一语上，是看不出六三爻是变爻的。但通过“抽薪”的分析则可导出这一关键之点。

如果是“初爻变”，则变卦为《讼》（䷅），在《讼》中，上互卦之巽木与下互卦之离火依然存在。

如果是“二爻变”，则变卦为《无妄》（䷘）。在《无妄》中，上互卦之巽木依然存在，而没有“抽薪”的效果。相反，其下卦震木还为其增添了“加薪”之虞。

如果是“四爻变”，则变卦为《中孚》（䷼）。《中孚》的上互卦为巽木，这《中孚》又是“大离卦”之象（即：天地人三才各自都是相同的爻——同为阴或同为阳——把这相同的两爻作为一爻看待所形成的卦），则巽木离火依然存在。

如果是“五爻变”，则变卦为《睽》（䷥）。在《睽》中，虽然巽木消失了，但下互卦之离火依然存在，并且其上卦又出现一个离火而火势更猛，而达不到“消其势”的目的。

如果是“上爻变”，则变卦为《兑》（䷹）。在《兑》中，上互卦之巽木与下互卦之离火还是依然存在。

由上可证：此计确是《履》六三爻变无疑。

这也反复证明了古人是在占筮这一卦（或有某爻变）的情况下，依据此卦中所具有的象数关系来相应地使用计策的。

下面简述《履》卦六爻变化所暗示的重要事项。

一、《履》初爻变，变卦为《讼》（䷅）。

《讼》：“有孚，窒惕，中吉，终凶。利见大人，不利涉大川。”①

《讼·彖》曰：“讼，上刚下险，险而健，讼。‘讼，有孚，窒惕，中吉’，刚来而得中也，‘终凶’，讼不可成也。‘利见大人’，尚中正

① （清）李光地：《周易折中》，巴蜀书社2006年版，第54页。

也。'不利涉大川'，入于渊也。"①

《讼·象》曰："天与水违行，讼。君子以作事谋始。"②

《讼·象》有"作事谋始"的警示，这在提示我们注意"险而健"成"讼"的隐患。

二、《履》二爻变，变卦为《无妄》(䷘)。

《无妄》："元亨，利贞。其匪正有眚，不利有攸往。"③

《无妄·彖》曰："'无妄'，刚自外来而为主于内。动而健，刚中而应，大'亨'以正，天之命也。'其匪正有眚，不利有攸往'，'无妄'之往，何之矣？天命不祐，行矣哉？"④

《无妄·象》曰："天下雷行，物与，无妄。先王以茂对时育万物。"⑤

此卦提示：使用此计过程中还要当心"无妄"之灾的出现。

《无妄·彖》曰："无妄，刚自外来而为主于内。"这还告诫运用者注意可能发生来自外界的突发事件而影响"主题"的运作——应保持事物的连贯性。

三、《履》三爻变，变卦为《乾》(䷀)。

四、《履》四爻变，变卦为《中孚》(䷼)。

五、《履》五爻变，变卦为《睽》(䷥)。

《睽》："小事吉。"⑥

《睽·彖》曰："'睽'，火动而上，泽动而下；二女同居，其志不

---

① (清)李光地：《周易折中》，巴蜀书社2006年版，第337页。

② 同上书，第420页。

③ 同上书，第138页。

④ 同上书，第359页。

⑤ 同上书，第456页。

⑥ 同上书，第198页。

同行。说而丽乎明，柔进而上行，得中而应乎刚，是以‘小事吉’。天地睽而其事同也，男女睽而其志通也，万物睽而其事类也。《睽》之时，用大矣哉!”①

《睽·象》曰：“上火下泽，睽。君子以同而异。”②

《睽·象》“柔进”之语，告诉我们也可试探性地进行“佯攻”。如果遇到“二女同居，其志不同行”的的情况，应先平和地解决内部矛盾。

六、《履》上爻变，变卦为《兑》(䷹)。

① (清)李光地：《周易折中》，巴蜀书社2006年版，第374页。

② 同上书，第481页。

第二十计《混水摸鱼》

【原文】

乘其阴乱，利其弱而无主。随以向晦入宴息。

【易解】（䷐）

《混水摸鱼》所使用的《周易》提示语是“《随》‘以向晦入宴息’”。出于《周易·随·象》：

> 泽中有雷，随，君子以向晦入宴息。①

《随》（䷐）其上卦为兑（☱），兑为泽。兑的下爻为“沙土”，中爻为“泥”，上爻为“水”。

兑（☱）为泽，泽与坎的流动之水相比则有“止水”之象。兑的上爻为阴为柔而“沼泽”之水最柔，所以有“水”之象；其“水”之下而离水最近的，就是水与土交融的“泥”，所以兑（☱）的中爻有“泥”之象；这“泥”的再下层因离水稍远而干，所以有“沙土”之象。基于这种思路，《需》（䷄）的九二爻有“需于沙”的爻辞，九三爻有“需于泥”的爻辞，六四爻有“需于血”的爻辞。其中的“需”是“卦时”的意义，这“于”是“处于”之意，这“沙、泥、血”是指与其相对应的下互卦之兑

① （清）李光地：《周易折中》，巴蜀书社2006年版，第441页。

(☱）的三个爻。那为什么六四爻辞是“需于血”而不是“需于水”呢？这是因为《需》六四爻既是其下互卦之兑（☱）的主爻，又是上互卦之离（☲）的主爻。离为火为赤为红，这“红色之水”则有“血”之象，所以六四爻辞不是“需于水”而是“需于血”。

《随》的下卦为震（☳），震为雷为动。其下互卦为艮（☶），艮为山为手，合观之则有“动其手”的“搅混”的“混”之象，合上所论就有了“混水”之象。其上互卦为巽（☴），巽为风，为进退，为游动，所以有“鱼”之象；其下卦为震（☳）为动，下互卦为艮（☶）为手，所以有“动其手”的“摸”之象，合观之就是“摸鱼”之象。

以上就是“混水摸鱼”的象数依据。

在《随》中有四个卦：上卦之兑（☱），上互卦之巽（☴），下互卦之艮（☶），下卦之震（☳）。兑为少女为阴，巽为长女为阴，艮为少男为阳，震为长男为阳。震艮之阳的“动手”，搅混兑巽之阴的“鱼水”，而导致“阴乱”局面的出现。阴乱一方的兑巽处在被动的“弱”势中，而主动权则掌握在震艮一面。所以“混水摸鱼”之计的首要前提在于“搅浑”，使其“弱而无主”的局面出现，才能得其利。

下面我们来分析一下此计原文中所谓的“主”。

此计中所谓的“主”，就是《随》的“主卦之主”九五爻（参阅拙著《易经卦主分析》）。

在《随》的四个卦中①上卦为兑（☱），其主爻是上六爻下卦为震（☳），其主爻是初九爻（初九爻是《随》的“成卦之主”）。下互卦为艮（☶），其主爻是九四爻。上互卦为巽（☴），其主爻是六三爻。而这四主皆非其卦的“主卦之主”。而且六二“乘”初九，初九虽有震雷霸王之气却没有“主”的身份与地位。九五被上六所“乘”，虽无霸主之气却有“九五之尊”之“主”的地位，所以可知九五为“主卦之主”。而九五在此时鉴于“敌对之方震艮的强盛以及己方兑巽内战（兑金毁折巽木）的衰弱”而无所适从，这就是九五“弱势群体中而无主见”的“弱而无主”之象。

---

① 朱启经：《易经卦主分析》，中国医药科技出版社 1994 年版，第 63 页。

兵战的阴谋就在于“出奇制胜”，所以《随》的卦象一旦被“主动方”所利用，则必导致“乘其阴乱，利其弱而无主”的“浑水摸鱼”（此乃“三十六计”的“要妙”），这就是此计原文“乘其阴乱，利其弱而无主”的象数依据。

下面简述《随》卦六爻变化所暗示的重要事项。

一、《随》初爻变，变卦为《萃》(䷬)。

> 《萃》：“亨，王假有庙。利见大人，亨，利贞。用大牲，吉，利有攸往。”①
>
> 《萃·彖》曰：“‘萃’，聚也。顺以说，刚中而应，故聚也。‘王假有庙’，致孝享也。‘利见大人，亨’，聚以正也。‘用大牲，吉，利有攸往’，顺天命也。观其所聚，而天地万物之情可见矣。”②
>
> 《萃·象》曰：“泽上于地，萃。君子以除戎器，戒不虞。”③

《萃·象》“除戎器，戒不虞”，明示提高警惕，以防不测；《周易·序卦》“萃者，聚也”，提示集中、积蓄力量。

二、《随》二爻变，变卦为《兑》(䷹)。

三、《随》三爻变，变卦为《革》(䷰)。

四、《随》四爻变，变卦为《屯》(䷂)。

> 《屯》：“元亨，利贞。勿用有攸往。利建侯。”④
>
> 《屯·彖》曰：“屯，刚柔始交而难生，动乎险中，大‘亨’‘贞’。雷雨之动满盈。天造草昧。宜‘建侯’而不宁。”⑤
>
> 《屯·象》曰：“云雷屯，君子以经纶。”⑥

---

① （清）李光地：《周易折中》，巴蜀书社2006年版，第234页。
② 同上书，第383页。
③ 同上书，第495页。
④ 同上书，第40页。
⑤ 同上书，第333页。
⑥ 同上书，第414页。

《屯·象》“动乎险中”，提示如果对方九四一旦有变，我方必陷入危险之中。

五、《随》五爻变，变卦为《震》(䷲)。

六、《随》上爻变，变卦为《无妄》(䷘)。

第二十一计《金蝉脱壳》

【原文】

存其形，完其势；友不疑，敌不动。巽而止，蛊。

【易解】(䷑)

《金蝉脱壳》所使用的《周易》提示语是："巽而止，蛊。"出自《蛊》卦的彖辞。

《蛊·彖》曰："《蛊》，赐上而柔下，巽而止，《蛊》。"①

《蛊》(䷑)的下卦为巽(☴)，巽为风为风动为进退，而有"蝉"之象；其下互卦为兑(☱)，兑为口为鸣叫为金，从初爻至四爻构成"上兑下巽的连互体"，合观之则有"金蝉"之象。《蛊》(䷑)的下卦为巽(☴)，巽为风为风动为进退；其下互卦为兑(☱)，兑又为毁折，合观之则有"蜕变"的"脱"之象。《蛊》(䷑)的上卦为艮(☶)，艮为山为止为"艮覆碗"，而有"壳"之象。合观之，则有"金蝉脱壳"之象。这就是"金蝉脱壳"的象数依据。

《蛊》的上卦为艮(☶)，艮为山为高，而有"形""势"之象。艮为止为不动，所谓"存其形"，就是保持其外表("金蝉之壳")不变。《蛊》

---

① (清)李光地：《周易折中》，巴蜀书社2006年版，第349页。

的上卦为艮为山为势，而其上互卦为震（☳），震为雷为声势，而有“增其势”之象。其上互卦为震（☳），震为动为木，其下卦为巽（☴），巽也有“动、木”之象。对“艮山”增加“震巽之树木”，这就是“完其势”之象。

《周易·说卦》曰：“《蛊》者，事也。”这说明在筮遇《蛊》时，当为“有（麻烦）事”。从其卦上看，其主体是下互卦之巽（☴）——蝉。构成“金蝉”的是“一至四爻的连互体”中与其巽（☴）相连的兑（☱）之金，所以其兑有“友”之象。而这《蛊》（䷑）是由下卦之巽与上卦之艮构成，因此其上卦之艮（☶），就是其“蛊之事”的对立一方，所以，艮就是“敌”。艮为山为止为静，所以有“敌不动”之象。其“友”既然是下互卦之兑，兑为喜悦，所以有“友不疑”之象。

以上就是对原文“存其形，完其势；友不疑，敌不动”的《蛊》的象数解析。

运用此计时最容易出的问题是“完其势”与“友不疑”。从结构上看，“完其势”是对艮山增加震巽之木，而这震巽之木是克土的，这无疑是“貌似打骂实则爱”的策略。

“友不疑”的卦象依据是“兑为喜悦”。兑有“喜悦与毁折”两个性质，也就是说，搞不好会使其走向反面。那我们自然要问：其喜悦从何处来？从卦象上看，这又回到“完其势”的震巽之木上，震巽之木对兑金而言则属“我克者为妻财”的“妻财”“权利”“利益”之类，所以做好这些准备工作是必要的。这是其一。其二，既然巽为脱壳之蝉，而兑金是所“脱”之要，这兑金克巽木，也意味着是“貌似打骂实则爱”的策略。

所以此计要点，就在于运用好“貌似打骂实则爱”策略的操作。

下面简述《蛊》卦六爻变化所暗示的重要事项。

一、《蛊》初爻变，变卦为《大畜》（䷙）。

> 《大畜》：“利贞，不家食，吉。利涉大川。”①
>
> 《大畜·彖》曰：“‘大畜’，刚健笃实辉光，日新其德。刚上而尚

① （清）李光地：《周易折中》，巴蜀书社2006年版，第143页。

贤，能止健，大正也。‘不家食，吉’，养贤也。‘利涉大川’，应乎天也。”①

《大畜·象》曰：“天在山中，大畜。君子以多识前言往行，以畜其德。”②

《大畜·象》的“止健”二字提示我们：不可在“蛊”（多事之秋）之时“逞能”。

二、《蛊》二爻变，变卦为《艮》(䷳)。

《艮》：“艮其背，不获其身。行其庭，不见其人，无咎。”③

《艮·彖》曰：“艮，止也。时止则止，时行则行，动静不失其时，其道光明。艮其止，止其所也。上下敌应，不相与也。是以‘不获其身，行其庭，不见其人，无咎’也。”④

《艮·象》曰：“兼山，艮。君子以思不出其位。”⑤

《艮》卦辞“艮其背，不获其身”“不见其人”，暗示在乱世采用藏匿、隐蔽策略。

《艮·彖》“时止则止，时行则行，动静不失其时”，提示要审时度势，相机而动。

三、《蛊》三爻变，变卦为《蒙》(䷃)。

四、《蛊》四爻变，变卦为《鼎》(䷱)。

五、《蛊》五爻变，变卦为《巽》(䷸)。

《巽》：“小亨。利有攸往，利见大人。”⑥

---

① （清）李光地：《周易折中》，巴蜀书社2006年版，第360页。

② 同上书，第458页。

③ 同上书，第267页。

④ 同上书，第390页。

⑤ 同上书，第507页。

⑥ 同上书，第290页。

《巽·彖》曰："重巽以申命。刚巽乎中正而志行，柔皆顺乎刚，是以'小亨。利有攸往，利见大人'。"①

《巽·象》曰："随风，巽。君子以申命行事。"②

《巽·彖》"柔皆顺乎刚"，提示应外示柔顺以麻痹对手，为脱逃之计创造条件。

六、《蛊》上爻变，变卦为《升》(䷭)。

错卦的暗示：

《蛊》(䷑)的错卦为《随》(䷐)。

《随·彖》"刚来而下柔"的提示和"随时应变"的卦时要义，对使用本计亦有参考意义。

---

① (清)李光地：《周易折中》，巴蜀书社2006年版，第396页。

② 同上书，第517页。

第二十二计《关门捉贼》

【原文】

小敌困之。剥，不利有攸往。

【易解】（䷖）

《关门捉贼》所使用的《易经》提示语是："剥，不利有攸往。"出自《易经·剥》的卦辞。

> 《易经·剥》："剥：不利有攸往。"①
>
> 《剥·彖》曰："'剥'，剥也，柔变刚也。'不利有攸往'，小人长也。顺而止之，观象也。君子尚消息盈虚，天行也。"②
>
> 《剥·象》曰："山附地上，剥。上以厚下安宅。"③

《剥》（䷖）的下卦为坤（☷），坤为众为纯阴，而有"贼"之象。其上卦为艮（☶），艮为山为门为手为止，所以有"关门"之象；艮为手为固止，所以有"捉"之象；其下卦坤之阴贼在其艮手之内，所以有"捉贼"之象。合观之，就是"关门捉贼"之象。

在学术讨论中有人提出异议：此计的名称应为"关门打狗"。因为其

---

① （清）李光地：《周易折中》，巴蜀书社 2006 年版，第 131 页。

② 同上书，第 357 页。

③ 同上书，第 452 页。

上卦为艮为狗，而卦中无“贼寇”之坎（☵），以坤（☷）为贼，过于牵强。

但是，这种见解，缺乏对爻变理论的深刻理解，试论如下：

兵战上的“贼”，是指那些善于偷袭的小部队，其特点是行动诡秘，出没不定，行踪难测。而从《剥》（䷖）看，二爻变，其下卦为坎而有“贼寇”之象；三爻变，其下互卦为坎也有“贼寇”之象；四爻变，其上互卦为坎还是有“贼寇”之象。

所以，通过爻变，把坤阴群体作为“贼”就顺理成章了。

原文“小敌困之”就更能说明问题。其所困之敌，就是卦象上的“被艮山所围困之坤”。“小”者，阴之象也。

既然使用此计，则说明一定有“贼”。此计在《剥》中以坤为贼，说明此贼是“暗贼”而非“明贼”。

第二十三计《远交近攻》

【原文】

形禁势格，利以近取，害以远隔。上火下泽。

【易解】（䷥）

此计所使用的《周易》提示语是："上火下泽。"出自《周易·睽》的卦象。

《睽》："小事吉。"①

《睽·彖》曰："'睽'，火动而上，泽动而下；二女同居，其志不同行。说而丽乎明，柔进而上行，得中而应乎刚，是以'小事吉'。天地睽而其事同也，男女睽而其志通也，万物睽而其事类也。《睽》之时，用大矣哉！"②

《睽·象》曰："上火下泽，睽。君子以同而异。"③

《睽》（䷥）的上卦为离（☲），离为火；下卦为兑（☱），兑为泽，这就是"上火下泽"之象，所以我们就以《睽》的卦象结构来分析。

《睽》（䷥）的上卦为离为火为中女，下卦为兑为泽为少女。离火炎

---

① （清）李光地：《周易折中》，巴蜀书社2006年版，第198页。

② 同上书，第374页。

③ 同上书，第481页。

上，泽水润下，就是“火动而上，泽动而下；二女同居，其志不同行”之象——说明此卦中的上下两卦处在“睽目相对的状态”。但《彖》又进一步说：“柔进而上行，得中而应乎刚。”“柔进而上行”，是指下卦兑少女之柔主动上行运动；“得中而应乎刚”，是指上卦之离的主爻之阴居第五爻的爻位而“得中”，且“二五相应”地“应和”下卦九二之阳刚。

从以上的分析中我们明显看出，其下卦之兑是此计行为的主体。《睽》中上卦之离为“远”，上互卦之坎（☵）为“近”。下卦之兑为毁折而有“攻击”的“攻”之象；同时，兑为口为嬉笑为说服而有“悦而交往”的“交”之象。《彖》所谓“说而丽乎明”“得中而应乎刚”确认“远”之“离火之明”的“应和”。这就是“远交”的象数依据。因为相对而“近”的是上互卦之坎（☵），坎为险为寇，正是主体兑之毁折的目标，这就是“近攻”的象数依据。

那么，下互卦的离，又怎样解释呢？

此计原文的“害以远隔”已经说得很清楚：所谓“害”，就是指上互卦这个坎（险贼寇）之“害”，通过“远交”上卦这个“离火”，来牵制“坎之害”。从结构上看，下卦之兑与上互卦之坎害中间有个下互卦之离相隔，这就是“害以远隔”之象。既然“害以远隔”而不成“害”，那么，利就在近前，所以有“利以近取”的可能性。因为卦形上与势力对比上有这些要求，所以此计原文用“形禁势格”来表述此计的策略特点。

下面简述《睽》卦六爻变化所暗示的重要事项。

一、《睽》初爻变，变卦为《未济》（䷿）。

二、《睽》二爻变，变卦为《噬磕》（䷔）。

> 《噬嗑》：“亨。利用狱。”①
>
> 《噬磕·彖》曰：“颐中有物，曰‘噬嗑’。‘噬嗑’而‘亨’，刚柔分，动而明，雷电合而章。柔得中而上行，虽不当位，‘利用狱’也。”②

---

① （清）李光地：《周易折中》，巴蜀书社2006年版，第121页。

② 同上书，第353页。

《噬磕·象》曰："雷电，噬嗑。先王以明罚敕法。"①

《噬磕·象》"颐中有物，曰'噬嗑'"，启示在使用此计时，一旦抓住战机就不要放弃（一旦咬住就不轻易松口）以及向敌方人员送食物礼品予以瓦解对方等策略。

三、《睽》三爻变，变卦为《大有》（䷍）。

《大有》："元亨。"②

《大有·象》曰："《大有》，柔得尊位大中，而上下应之，曰'大有'。其德刚健而文明，应乎天而时行，是以'元亨'。"③

《大有·象》曰："火在天上，大有。君子以遏恶扬善，顺天休命。"④

《大有·象》"遏恶扬善""刚健而文明"，明示使用此计者必为正义之师。

四、《睽》四爻变，变卦为《损》（䷨）。

五、《睽》五爻变，变卦为《履》（䷉）。

六、《睽》上爻变，变卦为《归妹》（䷵）。

错卦的暗示：

《睽》（䷥）的错卦为《蹇》（䷦）。

《蹇·象》告诫"险在前"，不可冒进。《蹇》卦辞"利西南"，提示西南是实施战略最有利的方向或方位。

① （清）李光地：《周易折中》，巴蜀书社2006年版，第448页。

② 同上书，第92页。

③ 同上书，第344页。

④ 同上书，第434页。

第二十四计《假道伐虢》

【原文】

两大之间，敌胁以从，我假以势。困，有言不信。

【易解】（䷮）

《假道伐虢》所使用的《易经》提示语是：“困，有言不信。”出自《困》卦卦辞。

> 《困》：“亨。贞，大人吉，无咎。有言不信。”①
>
> 《困·彖》曰：“‘困’，刚揜也。险以说，困而不失其所，‘亨’。其唯君子乎？‘贞，大人吉’，以刚中也。‘有言不信’，尚口乃穷也。”②
>
> 《困·象》曰：“泽无水，困。君子以致命遂志。”③

所以我们就以《困》（䷮）卦的象数结构来分析此计原理。

从六爻结构看《困》的“成卦之主”是九二爻，而“主卦之主”是九五爻（参阅拙著《易经卦主分析》）④。导致“困”的是下卦坎（☵）水主

① （清）李光地：《周易折中》，巴蜀书社2006年版，第243页。

② 同上书，第385页。

③ 同上书，第498页。

④ 朱启经：《易经卦主分析》，中国医药科技出版社1994年版，第154页。

爻的九二，“困”中解决困境的是“大人吉”的九五。

自汉以后，五行生克开始运用到解释各个领域的理论中，其中也包括兵法理论，南宋谭公作三十六计时也受到了五行生克理论的影响。而谭公及其后人——《三十六计》的原创者，精通《周易》而治学严谨，严格以《易》卦原理解说兵法，这从《三十六计》原文中可以清楚地看出。而从个别计策中也确能看出五行生克理论的运用，“假道伐虢”就是其中一例。

作为主卦之主的九五所处的上卦兑（☱）体所困的因素有两个：一是下卦之坎（☵），坎为水，兑金遇坎水，泄气而“困”；二是下互卦之离（☲），离为火，兑金遇离火（《周易·说卦》所云“离为甲胄，为戈兵”）被克受阻。这也是《困》卦辞“有言不信”（上卦为兑，兑为口为言，离火克兑金而“不信”）的象数依据。

《困》的上卦为兑（☱），兑为毁折，下卦为坎（☵），坎为险为贼寇，所以有“上兑毁折下坎贼寇”之象。九五所处的上卦为兑（☱），兑为口为喜悦为谗言，上互卦为巽（☴），巽为风为风言风语，而此巽的主爻六三这个“风口”，吹向下互卦之离（☲），离为明为画为明文，所以有“虢”之象①。合观之则有“向虢言称伐坎贼”之象。上卦兑之毁折下卦之坎贼必经下互卦之离（☵），所以有“借虢之道”之象。

《困》卦辞有“有言不信”之语，所以有“假借”之象。

《困》上卦之兑毁折下卦坎贼后，利用下卦坎水来灭下互卦之离火而有“我假以势”的“伐虢”之象。

以上就是计名“假道伐虢”的象数依据。

在《周易》卦理中，上卦与下卦为“大”，上互卦与下互卦为“小”，在《困》中，下互卦之离（“假道伐虢”的“虢之离”）处在上卦与下卦之间，所以有“两大之间”之词。向“克我”之敌的离火陈述（兑为口为谗言，巽为风为传言）“坎险之水灭离火”的危害，从而要挟离火服从于我，所以有“敌胁以从”（即“胁敌以从”）之词。借用坎水灭离火，所以有“我假以势”之词。

下面简述《困》卦六爻变化所暗示的重要事项。

① 《说文》曰：“虢，虎所攫画明文也。”

一、《困》初爻变，变卦为《兑》(䷹)。

二、《困》二爻变，变卦为《萃》(䷬)。

三、《困》三爻变，变卦为《大过》(䷛)。

《大过》："栋桡。利有攸往，亨。"①

《大过·彖》曰："'大过'，大者过也。'栋桡'，本末弱也。刚过而中，巽而说，行，'利有攸往'，乃'亨'。《大过》之时，大矣哉!"②

《大过·象》曰："泽灭木，大过。君子以独立不惧，遁世无闷。"③

《大过·象》有"独立不惧"的暗示。《大过》"栋桡"一词，提示注意其事有"曲折"。

四、《困》四爻变，变卦为《坎》(䷜)。

《坎》："习坎。有孚维心，亨，行有尚。"④

《坎·彖》曰："'习坎'，重险也。水，流而不盈，行险而不失其信。'维心，亨'，乃以刚中也。'行有尚'，往有功也。天险，不可升也，地险山川丘陵也，王公设险以守其国。险之时，用大矣哉!"⑤

《坎·象》曰："水洊至，习坎。君子以常德行，习教事。"⑥

《坎·彖》"重险"，提示征伐途中困难重重。

五、《困》五爻变，变卦为《解》(䷧)。

六、《萃》上爻变，变卦为《讼》(䷅)。

---

① (清)李光地：《周易折中》，巴蜀书社2006年版，第152页。

② 同上书，第362页。

③ 同上书，第462页。

④ 同上书，第157页。

⑤ 同上书，第363页。

⑥ 同上书，第463页。

《讼》："有孚，窒惕，中吉，终凶。利见大人，不利涉大川。"①

《讼·彖》曰："讼，上刚下险，险而健，讼。'讼，有孚，窒惕，中吉'，刚来而得中也，'终凶'，讼不可成也。'利见大人'，尚中正也。'不利涉大川'，入于渊也。"②

《讼·象》曰："天与水违行，讼。君子以作事谋始。"③

《讼》的"中吉，终凶"之辞，告诫我们做好收尾工作；其"利见大人"一语，则告诫我们：有"见""大人"之"利"。

错卦的暗示：

《困》（䷮）的错卦为《贲》（䷕）。

《贲》有"贲饰其美"之意。注意做好"修饰、掩盖、伪装"等工作。

① （清）李光地：《周易折中》，巴蜀书社2006年版，第54页。

② 同上书，第337页。

③ 同上书，第420页。

第二十五计《偷梁换柱》

【原文】

频更其阵，抽其劲旅，待其自败，而后乘之，曳其轮也。

【易解】（䷿之䷢）

《偷梁换柱》所使用的《易经》提示语是："曳其轮。"

"曳其轮"之语，在《易经》中有两个出处：一是《未济·九二》的爻辞，二是《既济·初九》的爻辞。

因《既济》初九爻不在"中爻位置"，与计名中的"梁、柱"概念不符，所以我们认为此计的"取象依据"必是《未济·九二》。

> 《未济·九二》曰："曳其轮，贞吉。"①
>
> 《象》曰："九二：贞吉，中以行正也。"②

所以我们就以《未济》（䷿）的象数结构来分析此计原理。

《周易》有个"中"的思想。就是说《周易》非常重视易卦六爻中的"二、五"两爻，因为二爻为下卦的"中爻"，五爻是上卦的"中爻"。所以"二、五"两爻都有"梁、柱"之象。

---

① （清）李光地：《周易折中》，巴蜀书社 2006 年版，第 322 页。

② 同上书，第 531 页。

那么在其卦中，何为“梁”，何为“柱”呢？

根据《易经》阴阳原理，“梁”在“柱”之上，阳为上，下为阴，可知：“梁”为阳，“柱”为阴。

原文中的“曳其轮”一语既然是《未济·九二》的爻辞。那么依据《易经》筮占规则，就说明此爻是“变爻”。

九二爻变，其下卦的“坎之轮”就消失了（这也是“曳其轮”之象）——坎贼中的九二阳刚之“梁”消失了，取而代之的是变卦《晋》（䷢）的六二阴爻之“柱”以及变卦中出现的下互卦“艮山之柱”。变卦之《晋》（䷢）的下互卦为艮（☶），艮为手，而有“动手偷换”之象，合观之，则有“偷梁换柱”之象。

这就是“偷梁换柱”的《易经》象数依据。

“曳其轮”一语既然暗示“九二爻变”，而变出了下互卦之艮（☶），艮为山为阻为阵形，所以有“频更其阵”之象。九二爻变，导致《未济》的火水对峙的强敌之坎水的主爻消失，这就是“抽其劲旅”之象。代表“劲旅之坎”的九二爻一旦被抽调，那么，火水对峙的“阵势”就消失了，所以原文有“无阵自败”之语。

“曳其轮”之后的变卦为《晋》（䷢）。《晋·象》曰：“‘晋’，进也。”这就是“趁机而动”的“而后乘之”之象。

下面简述《未济》封六爻变化所暗示的重要事项。

一、《未济》初爻变，变卦为《睽》（䷥）。

二、《未济》二爻变，变卦为《晋》（䷢）。

三、《未济》三爻变，变卦为《鼎》（䷱）。

> 《鼎》：“元吉，亨。”①
>
> 《鼎·象》曰：“《鼎》，象也。以木巽火，亨饪也。圣人亨以享上帝，而大亨以养圣贤。巽而耳目聪明，柔进而上行，得中而应乎刚，是以‘元’‘亨’。”②

---

① （清）李光地：《周易折中》，巴蜀书社 2006 年版，第 257 页。

② 同上书，第 388 页。

《鼎·象》曰："木上有火，鼎。君子以正位凝命。"①

《鼎·象》"巽而耳目聪明"，提示执行此计时应仔细观察，耐心周密，"柔进而上行"，不可露出破绽。

四、《未济》四爻变，变卦为《蒙》（䷃）。

五、《未济》五爻变，变卦为《讼》（䷅）。

六、《未济》上爻变，变卦为《解》（䷧）。

错卦的暗示：

《未济》（䷿）的错卦为《既济》（䷾），《既济·象》："思患而豫防之。"提示将各种不利因素考虑周全。

① （清）李光地：《周易折中》，巴蜀书社2006年版，第504页。

第二十六计《指桑骂槐》

【原文】

大凌小者，警以诱之。刚中而应，行险而顺。

【易解】（䷆）

《指桑骂槐》所使用的《周易》提示语是：“刚中而应，行险而顺。”出自《周易·师·彖》：

> 《师·彖》曰：“师，众也。贞，正也。能以众正，可以王矣。刚中而应，行险而顺，以此毒天下而民从之，吉，又何咎也。”①

所谓“刚中而应”，就是指《师》（䷆）唯一阳刚之爻的九二居下卦的中位，而与六五居上卦中位的阴爻“阴阳相应”。作为下互卦震（☳）体主爻的九二爻正处在下卦坎（☵）体之中，震为雷为动为行动，坎为险，而有“行险”之象；九二的“行险”之动，与上卦坤（☷）之主的六五“相应”，而坤为地为柔为顺，所以有“行险而顺”之象。

由上面的分析可知：此卦的行为主体是九二爻。那么以九二爻为线索展开分析，就是正确的分析思路。

九二爻是下互卦之震的主爻，震为雷为春为木，所以有“桑、槐”之

① （清）李光地：《周易折中》，巴蜀书社2006年版，第338页。

象。震为雷为动为声为怒吼，所以又有“指骂”之象。

从“指桑骂槐”的字里行间可以看出，“桑”与“槐”是两个相对独立体，应该加以区别。我们既然知道“桑槐”都从震木之象而来，而“槐”字中有一“鬼”字，以《周易》象数原理去观察，坎为水为险为寇为贼而有“鬼”之象。所以下互卦之“震木”与下卦之“坎鬼”的合象（连互体）就是“槐”字的取象依据。

从《师》（䷆）卦象分析可知，“桑槐”皆属于“我方”而非“敌方”，只不过“槐”者有“鬼”字旁，所以“槐”是被骂体，而“桑”是借助体。这就是“指桑骂槐”的象数分析。

原文中的“大”与“小”，就是指易卦的“阴阳或曰刚柔”两爻，阳爻为大，阴爻为小。《师·象》所谓“能以众正，可以王矣”已经明示：九二阳之“大”能够“压得住”众阴之小，这就是“大凌小”之象。下互卦为震（☳），震为雷为鸣为雷鸣为动，所以有“警、诱”之象。合观之就是“大凌小者，警以诱之”之象。

下面简述《师》卦六爻变化所暗示的重要事项。

一、《师》初爻变，变卦为《临》（䷒）。

> 《临》：“元亨，利贞。至于八月有凶。”①
>
> 《临·象》曰：“《临》，刚浸而长。说而顺，刚中而应，大亨以正，天之道也。‘至于八月有凶’，消不久也。”②
>
> 《临·象》曰：“泽上有地，临。君子以教思无穷，容保民无疆。”③

《临》卦辞有“至于八月有凶”的告诫（按十二消息卦推演即可得此结论），《临·象》有“说而顺”的行为暗示。

《临·象》所谓“教思无穷，容保民无疆”，有“保本为要”的暗示。

---

① （清）李光地：《周易折中》，巴蜀书社2006年版，第114页。

② 同上书，第351页。

③ 同上书，第444页。

二、《师》二爻变，变卦为《坤》(䷁)。

《坤》："元，亨；利牝马之贞。君子有攸往。先迷，后得主。利。西南得朋，东北丧朋。安贞，吉。"①

《坤·彖》曰："至哉'坤：元'，万物资生，乃顺承天。坤厚载物，德合无疆。含弘光大，品物咸'亨'。'牝马'地类，行地无疆，柔顺'利贞'。'君子''攸'行，'先迷'失道，'后'顺'得'常。'西南得朋'，乃与类行；'东北丧朋'，乃终有庆。'安贞'之'吉'，应地无疆。"②

《坤·象》曰："地势坤，君子以厚德载物。"③

《坤》卦辞"西南得朋，东北丧朋"，暗示注意东北方向或方位有"破绽"，西南方向或方位有"贵人（朋友）相助"。

《坤·象》"厚德载物"之语，告诉我们应有"包容之心"。

三、《师》三爻变，变卦为《升》(䷭)。

四、《师》四爻变，变卦为《解》(䷧)。

五、《师》五爻变，变卦为《坎》(䷜)。

六、《师》上爻变，变卦为《蒙》(䷃)。

错卦的暗示：

《师》(䷆)的错卦为《同人》(䷌)。

《同人·象》"类族辨物"之语，明示要善于辨别事物的良莠，分清敌我。

① （清）李光地：《周易折中》，巴蜀书社2006年版，第32页。

② 同上书，第330页。

③ 同上书，第411页。

第二十七计《假痴不癫》

【原文】

宁伪作不知不为，不伪作假知妄为，静不露机。云雷屯也。

【易解】（䷂）

《假痴不癫》所使用的《周易》提示语是："云雷屯。"源于《屯》卦象辞。《屯》（䷂）上卦为坎（☵），坎为水，为云为雨（水在上面，则为云）；下卦为震（☳）为雷为动。所以《屯·象》曰："云雷屯。"

从卦象上看，这是处在"雷雨并动""雷雨交加""阴云密布"的处境中，所以《屯·象》曰："屯，刚柔始交而难生，动乎险中。"

那么，我们就以《屯》（䷂）所具有的卦象来解释此计。

《屯》（䷂）的上卦为坎（☵），坎为病，所以有"痴"之象；其下卦为震（☳），震为雷为动为振动，所以有"癫"之象。《屯》卦辞的"勿用"二字，则否定了所有的动态，所以此计使用了"假""不"这两个字。既然这是一个计谋，则必须保持头脑的清晰，所以有"不癫"之象。所以此计取名为"假痴不癫"。

《屯》的卦辞有"勿用有攸往"之语，"勿用"二字，已经讲明了此时的行为准则。既然知道了一切向上的努力都是无效的，那么可以无为沉默地等待啊。但从卦象上看，其下卦为雷，雷为动。也就是说，此时已经没有选择沉默的余地了——必须作出反应！所以原文有"宁……不……"的语言结构。

《屯》（䷂）的下卦为震（☳），震为动为动机；其上卦为坎，坎为水，因其处在上卦，所以有“云雾”之象，合观之则有“掩饰动机”之象。其上互卦为艮（☶），艮为山为静为止，因其处在代表“动机”的震卦之上而压其动机，所以有“静不露机”之象。

下面简述《屯》卦有关六爻变化所暗示的重要事项。

一、《屯》初爻变，变卦为《比》（䷇）。

二、《屯》二爻变，变卦为《节》（䷻）。

三、《屯》三爻变，变卦为《既济》（䷾）。

四、《屯》四爻变，变卦为《随》（䷐）。

五、《屯》五爻变，变卦为《复》（䷗）。

> 《复》：“亨。出入无疾，朋来无咎。反复其道，七日来复，利有攸往。”①
>
> 《复·象》曰：“‘复：亨’，刚反，动而以顺行，是以‘出入无疾，朋来无咎’。‘反复其道，七日来复’，天行也。‘利有攸往’，刚长也。《复》，其见天地之心乎？”②
>
> 《复·象》曰：“雷在地中，复。先王以至日闭关，商旅不行，后不省方。”③

《复·象》所谓“动而以顺行”的提示非常关键。因为“造作的表演”往往容易露出造作的痕迹，只有“动而以顺行”的行为才显得自然。所以这是对“假痴不癫”之计的重要提示。《复》的“复”字也含有“重复”（周而复始）的意思，因为这是痴者的常态行为动作。

六、《屯》上爻变，变卦为《益》（䷩）。

> 《益》：“利有攸往，利涉大川。”④

---

① （清）李光地：《周易折中》，巴蜀书社 2006 年版，第 134 页。
② 同上书，第 357 页。
③ 同上书，第 454 页。
④ 同上书，第 219 页。

《益·彖》曰："《益》，损上益下，民说无疆，自上下下，其道大光。'利有攸往'，中正有庆。'利涉大川'，木道乃行。益动而巽，日进无疆。天施地生，其益无方。凡益之道，与时偕行。"①

《益·象》曰："风雷，益。君子以见善则迁，有过则改。"②

《益·象》所谓"有过则改"的提示，则告诉我们，在使用"假痴不癫"之计时难免有失误，但是，一旦知道有所失误就赶快去改正，以保计划的顺利执行。

错卦的暗示：

《屯》（䷂）的错卦为《鼎》（䷱）：

《周易·杂卦》曰："《鼎》，取新也。"在采用此计时不要模仿前人成功的事例，而要以符合自身情况的方式来迷惑麻痹对手。

---

① （清）李光地：《周易折中》，巴蜀书社2006年版，第379页。

② 同上书，第489页。

第二十八计《上屋抽梯》

【原文】

假之以便，唆之使前，断其援应，陷之死地。遇毒，位不当也。

【易解】（䷔之䷝）

《上屋抽梯》所使用的《周易》提示语是：“遇毒，位不当也。”出自《周易·噬嗑·六三·象》的文辞。

> 《噬嗑·六三》曰：“噬腊肉遇毒，小吝，无咎。”①
> 《象》曰：“遇毒，位不当也。”②

《噬嗑》（䷔）上卦为离（☲），离中虚，为火为明亮，《周易·说卦》曰：“离……为科上槁。”这“科上槁”，就是“空心树”——鸟巢，所以有“屋”之象；其离卦处在上卦卦位，所以又有“高屋、阁楼”之象；其下卦为震（☳），震为足为动，而有“足动向上”之象，合观之则有“上屋”之象。《噬嗑》（䷔）下卦为震（☳），震为足为动为春为木（在下而运动向上），所以有“梯”之象。《噬嗑》（䷔）六三爻变，其变卦为《离》（䷝），《离》（䷝）的上互卦为兑（☱），兑为毁折，下互卦为巽为木，构

① （清）李光地：《周易折中》，巴蜀书社 2006 年版，第 123 页。
② 同上书，第 449 页。

成兑金毁折其木的结构，所以有“破除其梯”的“抽梯”之象。合观之就是“上屋抽梯”之象。

正文“假之以便，唆之使前”，意为“故意露出破绽，给敌人提供便利，引诱敌人趋利向前”。

那为什么要这么做呢？

因为，从《噬磕》（䷔）上看，以初爻为首的震卦之动，在下卦（后卦）在“后”，如果震卦主爻处在后卦的这个位置上，就是《噬磕》（䷔）的静态——即《噬磕》卦义所表达的“噬磕（咬合）”的胶着状态，则难以取胜。根据《周易》提示的“遇毒，位不当也”，则可知只有让对方处在《噬磕》六三这个阳居阴位而“位不当”的位置上，才能使其“遇毒”。而这个“毒”就是《噬磕》（䷔）的上互卦坎（☵）水，坎为险为毒。又因为六三爻接近坎水，所以有“遇毒”之象。基于这些卦爻分析，所以此计要求“假之以便，唆之使前”。

“断其援应，陷之死地”，意为“切断敌人的救援与策应力量，使其陷入绝境”。

既然对方到了“遇毒，位不当”的第三爻的爻位上，那么，下一步该怎么做呢？方法就在“六三爻变”上。

《噬磕》（䷔）六三爻变，变卦为《离》（䷝）。这个位置的爻变导致《离》（䷝）的互体中两个卦的出现，即：上互卦之兑（☱）与下互卦之巽（☴）。兑为毁折；巽为风为进退为木，故有“梯”之象，合观之则有“毁梯”的“抽梯”之象。既然已经“上屋”（处在第三爻）了，其互体的“兑毁巽木”就是“断其援应”的截断后路。而使其处在坎水中，坎为陷，为毒。这就是“断其援应，陷之死地”的“遇毒，位不当也”的卦爻分析。

通过以上分析可以清楚地看到：三十六计的使用是建立在“在立卦中遇到某一卦才能用某一计”之原则上的。

下面简述《噬嗑》有关六爻变所暗示的重要事项。

一、《噬磕》初爻变，变卦为《晋》（䷢）。

二、《噬磕》二爻变，变卦为《睽》（䷥）。

三、《噬磕》三爻变，变卦为《离》（䷝）。

《离》："利贞，亨。畜牝牛，吉。"①

《离·彖》曰："'离'，丽也；日月丽乎天，百谷草木丽乎土。重明以丽乎正，乃化成天下。柔丽乎中正，故'亨'，是以'畜牝牛，吉'也。"②

《离·象》曰："明两作，离。大人以继明照于四方。"③

《离》（☲）的卦象是"上为离，下也为离"，离为明智为观察。这就告诉我们：不要小看对方，敌方阵营同样有明智聪锐者，固此不可麻痹大意，对行动计划应注意"反复审视细节"等。

四、《噬嗑》四爻变，变卦为《颐》（☶）。

五、《噬嗑》五爻变，变卦为《无妄》（☰）。

六、《噬嗑》上爻变，变卦为《震》（☳）。

① （清）李光地：《周易折中》，巴蜀书社2006年版，第162页。

② 同上书，第365页。

③ 同上书，第465页。

第二十九计《树上开花》

【原文】

借局布势，力小势大；鸿渐于陆，其羽可用为仪也。

【易解】（䷴之䷦）

《树上开花》所使用的《易经》提示语是：“鸿渐于陆，其羽可用为仪。”出自《渐》卦的爻辞：

《渐·上九》曰：“鸿渐于陆，其羽可用为仪，吉。”①

《渐》（䷴）的下卦为艮（☶），艮为山；上卦为巽（☴），巽为风为木为树，这是“山顶有树”之象。

此计的原文用《渐》上九的爻辞，说明运用此计是在遇到《渐》上九爻变时采用的计策。上九爻辞所处位置，在上卦巽（☴）木的上爻爻位，所以有“树上”之象。此巽木的主爻正处在上互卦之离（☲）的主爻，离为火为红为丽，所以有“树上开花”之象。

《渐》（䷴）的下卦为艮（☶），艮为山为手，而有“借、布（布置）”之象。艮为山，其山之上有坎险，而有“山势、险势、局势”之象。艮山有艮手招来“上卦之巽木、上互卦之离火以壮艮山威势”的“布势”之

① （清）李光地：《周易折中》，巴蜀书社2006年版，第276页。

象，也就是“借局布势”之象。艮山的势力较小，但加上山顶之树木以及树木所生之火以壮“山势”，这就是“力小势大”之象。

下面简述《渐》卦有关爻变所提示的重要事项。

一、《渐》初爻变，变卦为《家人》（䷤）。

二、《渐》二爻变，变卦为《巽》（䷸）。

> 《巽》：“小亨。利有攸往，利见大人。”①
>
> 《巽·彖》曰：“重巽以申命。刚巽乎中正而志行，柔皆顺乎刚，是以‘小亨。利有攸往，利见大人’。”②
>
> 《巽·象》曰：“随风，巽。君子以申命行事。”③

《巽·彖》“柔皆顺乎刚”，提示巽风（长女之柔）和离火（中女之柔）皆能壮大山势。阴谋如烘托造势，阴谋如扇阴风点鬼火，皆从此而来。

三、《渐》三爻变，变卦为《观》（䷓）。

四、《渐》四爻变，变卦为《遁》（䷠）。

五、《渐》五爻变，变卦为《艮》（䷳）。

六、《渐》上爻变，变卦为《蹇》（䷦）。

> 《蹇》：“利西南，不利东北。利见大人，贞吉。”④
>
> 《蹇·彖》曰：“‘蹇’，难也，险在前也。见险而能止，知矣哉。‘蹇：利西南’，往得中也。‘不利东北’，其道穷也。‘利见大人’，往有功也。当位‘贞吉’，以正邦也。《蹇》之时，用大矣哉！”⑤
>
> 《蹇·象》曰：“山上有水，蹇。君子以反身修德。”⑥

---

① （清）李光地：《周易折中》，巴蜀书社2006年版，第290页。

② 同上书，第396页。

③ 同上书，第517页。

④ 同上书，第203页。

⑤ 同上书，第375页。

⑥ 同上书，第483页。

《蹇》卦辞的“利西南”则明言：西南方向的通道是“埋伏或逃生”的最佳选择。

第三十计《反客为主》

【原文】

乘隙插足，扼其主机，渐之进也。

【易解】（䷴）

《反客为主》所使用的《周易》提示语是："渐之进也。"出自《周易·渐·象》。

> 《周易·渐》："渐：女归，吉。利贞。"①
>
> 《渐·象》曰："渐之进也，女归吉也。进得位，往有功也。进以正，可以正邦也。其位，刚得中也。止而巽，动不穷也。"②

《渐》（䷴）的上卦为巽（☴），巽为风为进退为进退不定为动，其下卦为艮（☶），艮为山为阻为门。这巽风在艮之门外（下卦为内，上卦为外）而进退不定，所以有"客"之象。也就是说，此计名称的"客"就是指巽。而巽又为"多白眼"（见《周易·说卦》），而有"反目"之象，所以"反客为主"的"反"字也是指这个巽，故此计计名使用"反客"二字。

---

① （清）李光地：《周易折中》，巴蜀书社2006年版，第273页。

② 同上书，第391页。

《渐》(䷴)其上卦之巽的进退不定决定了它的“不果(断)”(见《周易·说卦》)的特性而有“无主见”之象。但是巽为风而又有“无孔不入”的特点，所以有“伏入”之象。因其下卦为艮为门，且处在内卦位置上，所以有“门内”之象，其巽风从门外(外卦的位置)“伏入”门内，所以有“入主”之象。

巽卦的主爻是其阴爻(《周易》的“少统多原则”)，所以《渐》(䷴)的“成卦之主”就是六四爻。而《渐》的“主卦之主”却是九五爻，因为九五爻“阳居阳位”而有“得位、中正、刚中”之象，并且受六四爻所“承”。这从《渐·象》所谓“进得位，往有功也。进以正，可以正邦也。其位，刚得中也”中看得非常清楚。这“进得位”“进以正”都是在讲“成卦之主”的六四爻向着“主卦之主”的九五爻“渐进”。所以作为“客”的巽之阴爻的六四“渐进”到九五之尊的主爻，就是“反客为主”之象。

其上卦之巽风的“伏入”，就是“乘隙而入”的“乘隙”之象。《渐》的“主卦之主”九五爻变，变卦的上互卦为震(☳)，震为雷为足为动，合观之则有“乘隙插足”之象。而且变卦的上卦与下卦都为艮(☶)，艮为手为止，所以有“扼”之象。其所“扼”有二：1. 变卦的上卦艮手上九“(占)据”六五这个“主位”；2. 变卦的上卦之艮手与下卦之艮手的这两只“艮手”紧紧“扼制”其下互卦之坎(☵)，因为下互卦这个坎险正处在下卦艮山之顶而有“顶级危险”的“主机”之象，也就是“扼其主机”之象。

第三十一计《美人计》

【原文】

兵强者，攻其将。将智者，伐其情。将弱兵颓，其势自萎。利用御寇，顺相保也。

【易解】（䷴之䷓）

《美人计》计所使用的《周易》提示语是："利用御寇，顺相保也。"出自《周易·渐·九三·象》。

> 《渐·九三》曰："鸿渐于陆，夫征不复，妇孕不育，凶。利御寇。"①
>
> 《渐·九三·象》曰："'夫征不复'，离群丑也。'妇孕不育'，失其道也。利用御寇，顺相保也。"②

《渐》卦辞有"女归，吉"的断语。《彖》对此解释说："渐之进也，'女归，吉'也。"所以此卦有"用女则吉"之象。

《渐》（䷴）的下卦为艮（☶），艮为手，则有"拱手而送"之象。其上卦为巽（☴），巽为风，为进退不定的摇摆；其上互卦为离（☲），离为

① （清）李光地：《周易折中》，巴蜀书社2006年版，第274页。

② 同上书，第510页。

火为美为丽为中女，所以有“娇艳美女”之象。其下互卦为坎（☵），坎为水为隐伏为谋略，所以有“计策”之象。这就是“美人计”的象数依据。

《渐》（䷴）的错卦为《归妹》（䷵）：《归妹》有利用“女之归”来说事的暗示，所以有“美人计”之象。

《渐·九三》爻辞说得非常清楚：“夫征……凶。利御寇。”——虽然打不过敌人，但有利于抵御强敌进攻。而《象》对此的解释更清楚：“‘利’用‘御寇’，顺相保也”。——这“利”就在于“运用”御敌之策，其实就是利用上卦的“巽顺”以及与其相连的上互卦之“离丽”的“情欲结构”所蕴含的策略去讨伐敌人，使敌人萎靡颓废，气势衰弱，以保障征伐之利。

《渐》的下卦为艮（☶），艮为山为尖，所以有“攻伐”之象。上互卦为离（☲），离为戈兵，所以有“兵”之象，其兵之离火的主爻是六四爻，六四之阴在下“承”九五之尊，所以九五则有“将”之象。当兵（戈兵）之离火旺时，木助火燃的巽木必弱，身处巽木之体的九五之将也必弱，所以原文有“兵强者，攻其将”之语。九五之将受离火主爻六四所“承”，离为明智，所以有“将智”之象。其上卦的“巽顺”以及与其相连的上互卦之“离丽”构成“情欲结构”而有“情”之象，所以原文有“将智者，伐其情”之语。

正如在“情欲结构”分析中所说的那样：此卦使用“美人计”之所以能达到目的，关键在于利用了“情欲结构”中巽女之阴“乘”坎男之阳。

第三十二计《空城计》

【原文】

虚者虚之，疑中生疑；刚柔之际，奇而复奇。

【易解】（䷧之䷵）

《空城计》所使用的《易经》提示语是：“刚柔之际。”出自《解》卦象辞。

《解·初六·象》曰：“刚柔之际，义‘无咎’也。”①

《解》（䷧）的上卦为震（☳），震为雷，下卦为坎（☵），坎为水为沟渎为隐伏为欠土之地，而有“穴”之象。当知《易经》中的“穴”字皆由“坎”象而来。例如《需·六四》：“需于血，出自穴。”

《需》（䷄）的上卦为坎（☵），坎为“血卦”；六四爻处在下互卦兑体的上爻有“水”之象，六四爻又是上互卦离火的主爻，离为火为红，“红色之水”就是“血”之象，此即“需于血”之象。上卦为坎为沟渎，为欠土之地，所以又有“穴”之象；坎为隐伏，六四处在坎体下爻，而有“在穴内”之象；其爻变，变卦的下卦、下互卦、上互卦皆为乾，乾为天，天行健，而有“出穴”的能力。《需》（䷄）的变卦为《夬》（䷪），夬，就是

① （清）李光地：《周易折中》，巴蜀书社2006年版，第485页。

“决”的意思，在此有“决破坎穴”之象；爻变后，坎穴消失，合观之，则有“出自穴”之象。

《解》(䷧)的上卦为震(☳)，震为雷，其下卦为坎(☵)，坎为“穴”。“穴”乃“欠土”之“坑”，所以又有“城池”之象；其上互卦也为坎为“空穴”，合观之则有“空城”之象。这“穴坑”之坎也为“险陷”，初爻变，其下卦为兑(☱)，兑为毁折，所以有“谋略”“计策”的“计”之象，合观之则有“空城计”之象。这就是此计名称的象数依据。

《解》(䷧)的上卦为震(☳)，震为雷为动，其下卦为坎(☵)，坎为水为险，所以《解·彖》云：“解，险以动。”其下卦为坎，坎为空穴，所以有“虚”之象，其上互卦也为坎为空穴为“虚”，这就是“虚者虚之”之象。“坎”为迷而有“疑”之象，而上互卦之坎与下卦之坎的“合象”就是“疑中生疑”之象。

此计原文引用的是《解》初六的《象》辞“刚柔之际”。其“刚”就是九二阳爻，其“柔”就是初六阴爻，这阴阳刚柔两爻紧靠在一起，且处在“阳爻在上，阴爻在下”的“据、承”关系中（站在初六角度看，下阴对上阳而言就叫“承”），所以有“刚柔之际”之象。

初六“承”下卦之坎（迷疑）的主爻九二，“应”处在上互卦坎体主爻的九四，而导致“外坎”之“奇而疑”，促使外卦震体也“疑”，外卦之震(☳)虽声势震天，却处在“两坎”的“迷疑”之中而不敢冒进，这就是“奇而复奇”之象。

第三十三计《反间计》

【原文】

疑中之疑。比之自内，不自失也。

【易解】（䷇之䷜）

《反间计》所使用的《周易》提示语是："比之自内，不自失也。"出自《比》卦六二爻辞。

> 《比·六二》曰："比之自内，贞吉。"①
> 《象》曰："'比之自内'，不自失也。"②

《比》（䷇）的上卦为坎（☵），坎为水为隐伏为疑为盗贼为"穴"，所以有"挑拨离间"的"间"之象。

运用《比》六二的爻辞"比之自内"，则说明遇到《比》六二爻变的情况下才使用此计。《比》的卦象是：外卦坎水之贼向内卦坤（☷）体之内渗透，坤体之内的中爻六二爻变，而成为其变卦《坎》（䷜）的下卦之坎（☵），此坎与上卦之坎的卦象完全一样，但内外两坎却"六爻对冲"（即所谓"不应""无应"或"敌应"），这就是"以牙还牙"的"反间"之

---

① （清）李光地：《周易折中》，巴蜀书社2006年版，第65页。
② 同上书，第424页。

象。坎（☵）又为隐伏为加忧为疑，所以有“阴谋诡计”的“计”之象。合观之则有“反间计”之象。

《比》（䷇）的上卦为坎（☵），坎为疑；六二爻变，其内卦之坤（☷）变为内卦之坎，也为疑，这就是“疑中之疑”之象。来自内卦之坤爻变而出的坎疑与外卦坎水渗入内坤之坎疑，有对冲之“比”，这就是“比之自内”之象。虽然变化出来的下卦之疑坎的中心爻，阳居阴位而有“不当”之“失”，但这是按“卦时”的需要而做出的表象，其自身原本（原卦）的“坤（☷）体主爻六二”是阴居阴位而“当”的，所以《象》就特别解释说：“比之自内，不自失也。”

第三十四计《苦肉计》

【原文】

人不自害，受害必真。假真真假，间以得行。童蒙之吉，顺以巽也。

【易解】（䷃之䷸）

《苦肉计》所使用的《周易》提示语是："童蒙之吉，顺以巽也。"出自《蒙》六五的象辞。

> 《蒙·六五》曰："童蒙，吉。"①
>
> 《象》曰："'童蒙'之'吉'，顺以巽也。"②
>
> 《彖》曰："蒙，山下有险，险而止，蒙。"③

"蒙"的"卦时"，就是"止于险"的"蒙昧无知"。而"脱其险"的方法，就是《蒙·六五·象》所说的"顺以巽"，即《蒙》六五爻变的象数关系（特别要注重的就是"顺以巽"的"巽"）。

《蒙》（䷃）的上卦为艮（☶），艮为山为止；其下卦为坎（☵），坎为水为险，这就是"止于险"的"蒙难"之象。

《蒙》六五爻变，变卦的上卦为巽（☴），巽为风为进退为不止为伏

① （清）李光地：《周易折中》，巴蜀书社 2006 年版，第 48 页。

② 同上书，第 417 页。

③ 同上书，第 416 页。

入，伏入其下卦之坎险，而有“自讨苦吃”的“苦”之象。而这“苦”是为摆脱困境、战胜险难而“自讨”之“苦”，所以有“计策”的“计”之象。《蒙》六五爻变后，其变卦的上卦为巽（☴），巽为股，而有“肉”之象。巽为股为肉为伏入，巽风伏入其坎险，人之股肉伏入坎险而在“坎险”中“挣扎”（坎中的主爻也是下互卦震的主爻，这就是“在坎险中挣扎”之象）的“苦不堪言”，而有“苦”之象，也即“苦肉”之象。合观之则有“苦肉计”之象。

《蒙》的下卦为坎，坎为险为贼寇而有“害”之象。其六五爻变之后，其变卦为《涣》（䷺），《涣》之上卦为巽，巽为伏入，巽风伏入坎险，而有“自入其险”的“自害”之象。所谓“人不自害，受害必真”，是说如果不使用变卦之巽的“自害”，按《蒙》的“止于险”持续下去，其害必然真要到来。所以原文有“人不自害，受害必真”之语。要解决问题，就必须顺势而变，六五爻变变出来的上卦之巽最为关键。巽为风为进退，所以有“进进退退、真真假假”之象，这就是作为谋略计策的“假真真假”之象。其变卦的巽风出现后，《蒙》的“蒙难”就消除了，而其变卦为《涣》（䷺），而有“涣散”之象。“涣散”状态必有“间隙”可乘，这“无孔不入”的巽风则可“趁机”而行，所以此巽风有“假真真假，间以得行”之象。

第三十五计《连环计》

【原文】

将多兵众，不可以敌，使其自累，以杀其势。在师中吉，承天宠也。

【易解】（䷆之䷁）

《连环计》所使用的《周易》提示语是："在师中吉，承天宠也。"出自《师》卦九二的象辞。

> 《师·九二》："在师中，吉，无咎。王三锡命。"①
>
> 《象》曰："'在师中，吉'，承天宠也。'王三锡命'，怀万邦也。"②

因为此计原文使用的是《师·九二·象》的文辞，所以我们就把重点放在《师·九二》的卦爻结构的分析上。

首先我们解剖一下《师》卦的象数结构。

王：君王，指其错卦的上卦《乾》之第五爻（《师》卦的错卦为同人䷌）。锡：赐。承：承蒙。宠：宠爱。命：命令。

九二处在《师》（䷆）的下卦"中"位，所以有"在师中"之象。九

① （清）李光地：《周易折中》，巴蜀书社 2006 年版，第 59 页。

② 同上书，第 422 页。

二是全卦唯一的阳刚之爻，是《师》的卦主，是下互卦震体的主爻，所以是“出师作战”的主帅。九二所应的六五是不当位而柔弱无力的君王。在大敌当前急需将才之时，惟九二阳刚是比较理想的人选，而且九二居“中”又与君王六五“相应”；九二居中有“中庸之德”，其他阴柔之爻皆能服从，所以有“吉”之象。但是，九二阳居阴位，“失其位”而处在下卦的“坎险”之中，六三、六四两阴爻又“乘”九二，时刻在找九二的麻烦，所以九二有“灾咎”之忧。然而，其爻变，变卦为《坤》（䷁）为上下皆顺，而坎险自然消除，所以有“无咎”之象。《师》的“错卦”（“伏卦”）《同人》的下卦为离，离的数象为三；其下互卦为巽风而有“传令”的“赐（锡）”之象；上卦为乾，上互卦也为乾，乾为天为君王为“锡”为“命”，五爻是“王位”，而上卦与上互卦为乾为王，这都是“王”之象。其“错卦”之“同人”的下卦为离（☲），离为三，合观之，则有“王三锡命”之象。

凡错卦（或曰伏卦）所显示的象数关系，皆指暗中或背后存在着与本卦相对应的一些言行或因素。

《象》辞“在师中，吉”，是因为卦主九二“应”六五，受到天位六五君王的宠爱。“王三锡命”，是指君王再三封赏的目的是安抚天下的臣民，使其江山得以安宁。

我们分析了其象数关系后再来看此计的名称。

《师》（䷆）的下卦为坎（☵），坎为水为险为阴险为谋略为计谋，所以有“计”之象。《师》的“错卦（伏卦）”是《同人》（䷌），《同人》的上卦以及与其相连的上互卦都是乾（☰），《周易·说卦》曰：“乾为天，为圜”，这“圜”就是“环”，这“乾乾相连”就是“连环”之象。

爻辞的“在师中”已经明确“我与敌”的位置，其原文的“将多兵众”就是《师》的上卦之坤（☷），坤为众。在敌众我寡的情况下，且我之九二又处在下卦坎险之中，所以有“不可硬拼”的“不可以敌”之象。因为此卦有“错伏”之变，这错伏之变可使“将多兵众”的坤（☷）之“气势”自然消除，加之此爻暗含的“王三锡命”的优势，所以有“使其自累，以杀其势”之象。

第三十六计《走为上》

【原文】

全师避敌，左次无咎，未失常也。

【易解】（䷆之䷧）

《走为上》所使用的《周易》提示语是：“左次无咎，未失常也。”出自《师》六四的象辞。

> 《周易·师·六四》曰：“师左次，无咎。”①
>
> 《象》曰：“‘左次无咎’，未失常也。”②

此计是在遇到《师》六四爻为变爻的时候才运用的。那么，我们首先来分析一下《师·六四》爻辞的象数依据。

《易经》八卦的方位是：震东、巽东南、离南、坤西南、兑西、乾西北、坎北、艮东北。《周易·系辞》曰：“圣人南面而听天下，向明而治。”所以，南为前，北为后，东为左，西为右。《师》六四爻爻变后，其上卦为震卦，震为东为左，所以有“左”之象。其爻变，变卦的上互卦为坎为险，上卦为震为动为战，上四爻“连互”之体是“在险中作战”之象。

① （清）李光地：《周易折中》，巴蜀书社 2006 年版，第 60 页。
② 同上书，第 422 页。

"次"，舍也，退舍的意思，这就是坎（☵）水的水流趋下之象。变卦的上互卦为坎水而趋下，落入下卦之坎，则有表示"退舍"的"次"之象。合观之就是"左次"之象。六四阴柔不中而无所应，作战时处在不得利的"多惧"（《周易·系辞》所谓"二多誉，四多惧""三多凶，五多功"）之位，但六四阴居阴位得正，则能量力而行，知难而退，其爻变，变卦的互体为"既济结构"（其水流趋下而构成既济结构），所以有"无咎"之象。

那为什么会出现"走为上"呢？

从卦象上看，在爻变出现"坎水下流之走"的同时，作为《师》"兴师动众"作战主力之震（☳），则由下互卦的位置而变为变卦的上卦位置。所以有"走为上"之象。（表象为"走"，实则为"上"）——这就是"走为上"的卦爻象数依据。

在《师》的"卦时"中，其震（☳）动向前却处在坎险之中，则转而退舍，就是"全师避敌"之象。

将《走为上》定为《三十六计》的最后一计，还有一层寓意：在前面的"各种招数皆无效"的情况下，"溜之大吉"也不失为一种好的招数。然而若能"以退为进"，那就是"上等的计策"了。但在此的解释是：震（师）之动随坎水下行之"走"，借坎水与下互卦之离火构成"互体"的"水火既济"，且震卦却处在上卦的位置上。也就是说，"败走"是表象，"上攻"是实质。或曰"败走"是战术，"上攻"是战略。

将"走为上"定为"三十六计"最后一计的设计思路，与《易经》六十四卦的卦序排列将《未济》排在六十四卦的最后一卦的思路完全一致，呈现了我国传统哲学思想一以贯之的辩证变通精华，值得后人仔细玩味。

《三十六计》补遗

敲山震虎

谶颂：“虎在山中藏，天雷多响亮，虎现落险中，犬欺虎悲伤。”

提示：《豫》（䷏）之《解》（䷧）。

守株待兔

谶颂：“乘木在震旁，等待卯木忙，无需吹灰力，获利得吉祥。”

提示：《益》（䷩）。

引蛇出洞

谶颂：“天上刮旋风，蛇藏洞水中，风尘女子歌，闻风出洞庭。”

提示：《涣》（䷺）之“乘木有功也”。

坐山观虎斗

谶颂：“幺儿与天争，徒劳而无功，故作饰美态，等待天变明。”

提示：《大畜》（䷙）之《贲》（䷕）。

一箭双雕

谶颂：“天上巽风雕、落地雕要逃，毁折利锋箭，两鸟没跑掉。”

提示：《巽》（䷸）。

死地后生

谶颂：“震雷险中动，艮山阻力重，自有坤土养，绝地而后生。”

提示：《谦》（䷎）。

螳螂捕蝉

谶颂："巽风蝉儿叫，阴险黄雀笑，螳螂不知险，还在瞎胡闹。"

提示：《兑》(䷹)。

鹤蚌相争

谶颂："巽鹤离蚌缠，渔人便宜捡，须知明年春，还要把六还。"

提示：《家人》(䷤)。

关键词索引

K

L

M

Q

S

T

W

X

Y

Z